阿拉伯国家形势报告

（2017）

REPORT ON SITUATIONS OF
ARAB STATES (2017)

宁夏大学中国阿拉伯国家研究院

李绍先　主编

社会科学文献出版社
SOCIAL SCIENCES ACADEMIC PRESS (CHINA)

前　言

中东号称"三洲五海之地"，即位于欧、亚、非三大洲的接合部，里海、黑海、地中海、红海和阿拉伯海之间。自古以来这里就呈现两个非常鲜明的特点：一是至关重要；二是异常复杂。历史上无数名人（包括基辛格、丘吉尔）都曾用类似的语言形容中东，即哪个国家控制了中东，哪个国家就掌握了世界。中国人也讲"中东是大国的竞技场"，是大国必争必夺之地。与此同时，中东也是人类文明的十字路口，是东西方文明冲突、交融的界面，是世界上地缘政治最复杂的地方。

对于中国来讲，最近十多年，特别是"9·11"事件以来，中国和中东的关联度越来越密切。主要表现在三个方面。第一，中国和中东的经济联系越来越密切。我们理所当然地会想到能源，以石油为例，2016 年，中国进口石油占国内石油总消耗的 60% 多，据估计，2020 年，中国进口石油要超过总需求的 70%，其中约一半来自中东。天然气也是如此。第二，中东对中国国家安全的关联度越来越密切。中东是伊斯兰教的本源地区和核心区，近些年来，宗教极端势力的肆虐造成了全球性影响，中国也深受其害，特别是我国西北部地区。第三，中东对我国的战略利益关联度越来越直接。中东作为"世界地缘政治的战略高地"，其局势演变对世界是有全局性影响的，20 世纪 90 年代初的海湾战争和 21 世纪初的"9·

11"事件都对中国改革开放的外部环境产生过重要影响。而在我国大力推进落实"一带一路"倡议的今天，中东作为陆海丝绸之路交会点与我战略全局的关联度不言而喻就更加直接了。

2011年以来，中东进入一场历史性的大乱局、大变局进程之中。2017年的中东充满了动荡：也门危机不断深化，直至临近年底前总统萨利赫步上了卡扎菲后尘；6月初，卡塔尔外交危机突如其来，沙特阿拉伯带头对卡实施陆海空封锁；9月下旬，伊拉克库尔德自治区独立公投引起周围国家强烈反应，伊拉克政府出兵迫使自治区政府宣布收回公投结果；10月，叙利亚、伊拉克先后宣布消灭"伊斯兰国"；11月4日，黎巴嫩总理哈里里在沙特首都上演了一场"被辞职"闹剧；12月6日，美国总统特朗普宣布承认耶路撒冷为以色列首都，引起轩然大波；临近年底，伊朗国内罕见地发生民众示威风波。除此之外，还有沙特阿拉伯王国更换王储及国内引人注目的"反腐"举措，土耳其旨在将政体从议会制改为总统制的修宪公投，等等，无不牵动着中东地区"敏感的神经"。而特朗普公开挑战伊朗核协议的立场，更为2018年中东局势的演变投下了阴影。

中东到底怎么了？有人从教派冲突的角度做出解释，认为以沙特阿拉伯为代表的逊尼派国家和以伊朗为代表的什叶派国家的角力是中东乱局的主因；有人认为是"阿拉伯之春"后该地区国家政治、经济过渡和社会治理出了大问题；有人将之归结为国际恐怖主义的肆虐；当然也有人从伊斯兰宗教本身去分析原因。客观地说，上述观点均有其道理可言，但都不是当前中东问题的症结所在。笔者认为，当前中东最大的问题所在，是旧的格局和秩序崩溃了，而新的格局和秩序迟迟没有建立起来。

从地缘政治来讲，中东地区内部有四大力量——阿拉伯国家、伊朗（波斯）、土耳其（突厥）和以色列（犹太人为主），四大力量互为对手（基辛格所言"敌人的敌人还是敌人"），形成相互制约的局面。与此同时，中东为"世界地缘政治的战略高地"，素为大国必争之地，常常成为世界大国全球争霸的"战场"，如一战后的英、法和二战后的美、苏。因此，中东地区地缘政治的格局就是在动态的内、外两个平衡的形成和崩溃过程中运作的。

我们现在所说的中东崩溃了的格局和秩序是1991年后确立起来的，即"冷战"后确立的格局。1991年苏联解体，美国成为世界唯一超级大国，一家主导了中东秩序。克林顿政府在中东"西促和谈"（促进以色列和巴勒斯坦、阿拉伯国家的和谈），"东遏两伊"（同时遏制伊朗、伊拉克），中东地区的内部外部都出现相对平衡和稳定的局面。随着相对稳定格局的形成，中东地区在20世纪最后10年出现了历史上比较少见的和平局面：1993年，举世闻名的奥斯陆协议签署，美国总统克林顿与巴勒斯坦领导人阿拉法特、以色列总理拉宾一起获得了1994年诺贝尔和平奖；1994年，巴勒斯坦实现自治，领导人阿拉法特回到了约旦河西岸和加沙地带；1995年，巴以开始了关于巴勒斯坦最终地位的谈判，一批阿拉伯国家开始与以色列发展经贸关系，其中，约旦继埃及之后成为第二个与以色列建立大使级外交关系的阿拉伯国家。

但好景不长，中东"冷战"后格局的崩溃始于2001年"9·11"事件。"9·11"事件后，美国立即宣布进入反恐战争时期，并接连发动了两场战争：2001年10月6日发动的阿富汗战争和

2003 年 3 月 20 日发动的伊拉克战争。这两场战争，特别是伊拉克战争，严重地颠覆了中东地缘政治内部力量的平衡。两场战争客观上消灭了伊朗的两个死敌，即阿富汗塔利班政权和伊拉克萨达姆政权，这使伊朗在地缘政治中的地位凸显。伊朗既是波斯人国家，与相邻的阿拉伯国家可谓"世敌"，又是什叶派国家（90% 以上人口信奉伊斯兰教什叶派），在"中东逊尼派海洋中有如孤岛"。因此，伊朗的"坐大"自然会引起逊尼派阿拉伯国家的不安，一个以沙特阿拉伯为首的逊尼派集团隐然而现。然而，2003 年伊拉克战争虽然客观上造成中东地缘政治力量天平的倾斜，但原有的格局并没有马上松动，原因就是美国力量的存在和对中东事务的大力干预（伊拉克战后美国在伊拉克长期保持 10 多万人的驻军）。但到 2011 年，两大事件使形势发展出现转折性变化：一个是所谓的"阿拉伯之春"，阿拉伯世界发生自下而上的革命，一些国家政权更迭（突尼斯、埃及、利比亚、也门），还有一些国家深陷危机，阿拉伯世界的力量进一步削弱；另一个则是当年年底美国从伊拉克大规模撤军。在此背景下，从 2011 年开始，伊拉克战争给伊朗带来的"红利"逐渐兑现，伊朗在该地区的地缘政治地位迅速上升。直到 2015 年伊核协议签署，伊朗开始正式"回归世界"，中东原有的格局彻底垮塌。

如果从更深层次来讲，在冷战后中东格局崩溃的同时，该地区还陷入一个"百年不遇"的大乱局中。与世界其他地区的秩序相比，比如说亚洲的秩序（政治版图）是二战后奠定的，即所谓雅尔塔体系，但中东的版图是一战后奠定的，是凡尔赛体系。一战后，奥斯曼帝国解体，中东在英、法两大帝国的主导下，大致按

"赛克斯—皮科协定"划分势力范围，构筑了现在的政治版图。在2011年"阿拉伯之春"变局下，特别是在"伊斯兰国"肆虐的局面下，中东地区原有的政治版图趋于塌陷。我们现在看，像叙利亚、伊拉克，虽然现在在地图上尚未有变化，但是实质上未来已很难回到原来那种领土完整、主权统一的状态中去了。未来的伊拉克和叙利亚，特别是叙利亚，将会是一个什么状态，在其原来的版图上将出现什么样的国家或实体，什么势力将填补势力真空，现在都是未定之数。在这样的局面下，现在盛传特朗普要"重塑中东"，据说要拉拢沙特阿拉伯和埃及向以色列靠拢。沙特内部需要权力平稳过渡、外部要遏制伊朗，埃及当局则需要外部支持打压其最大的敌人穆兄会，美国统统给予支持，以换取沙、埃施压巴勒斯坦接受与以色列达成"屈辱的和平"。这也是特朗普执意承认耶路撒冷是以色列首都和将美国使馆迁往耶路撒冷的主要背景。这样，"联合起来的阿拉伯和以色列"就可有效地孤立和遏制伊朗。在美国所谓"重塑中东"的活动中，特朗普总统的女婿库什纳是个重要的人物，库什纳和小萨勒曼王储（两位"80后"）建立了"密切的合作关系"，是"重塑中东"最大的推手和实际操盘者。其实，从2003年伊拉克战争以后，如何应对伊朗"独大"、中东内部力量天平失衡就成为美国历届政府不得不面对的一道难题。小布什第二任期，美国在伊拉克保持10多万人的大军，并一度威胁攻击伊朗。奥巴马上任后，美国在中东实施"战略收缩"，开始向伊朗挥动橄榄枝。2009年6月，奥巴马在开罗公开演讲，呼吁伊朗"松开捏紧的拳头"，并推动与伊朗的核谈判，意图用"解除制裁"的核协议来束缚伊朗。同时美国鼓励沙特阿拉伯等当地盟友与伊朗进行

"利益置换"，最终恢复中东地缘政治力量的平衡。现在特朗普又要全盘否定奥巴马的政策，公开挑战伊朗核协议，并鼓动和支持沙特阿拉伯等与伊朗对抗。

然而，旧的秩序和格局崩溃了，新的秩序和格局却难以建立起来，其根本问题还是在于内外平衡难以恢复。

一方面，今天伊朗的处境已今非昔比。实际上伊朗是一个得天独厚的国家，幅员辽阔（160多万平方公里），人口适中（将近8000万人，且人口素质相对较高），自然资源非常丰富，不仅仅是石油天然气。伊朗人常常说，虽然我们石油储量不是世界第一，天然气储量也不是世界第一，但是石油、天然气加起来是世界第一。除此之外，伊朗拥有非常丰富的几十种重要战略资源，包括铀。当然，伊朗在1979年伊斯兰革命以后陷入了内政外交的恶性循环，内政僵化，对外则四面树敌，一直到现在还没完全走出来。到2013年鲁哈尼第一任期时，在美国长期制裁的叠加影响下，伊朗面临经济崩溃的局面。因此，为摆脱困境，统治集团高度一致地推出了鲁哈尼。鲁哈尼出任总统后，对外积极推进核问题谈判以打破孤立，并在"伊斯兰国"崛起的背景下不事张扬地干预叙利亚、伊拉克战事。随着2015年7月14日伊核协议的签署，联合国对伊朗的制裁得以逐渐取消，伊朗的内外处境明显改善，国家"百废待兴"。当然，由于特朗普政府决意遏制伊朗影响力的扩大，挑战伊核协议，并施加更多的双边制裁，严重束缚了伊朗的发展及其与第三国开展合作的手脚。但从长远来看，现在的伊朗已似一只"归山的老虎"，而绝非可以随意压制的"羔羊"。

另一方面，阿拉伯世界日趋衰弱。阿拉伯世界传统上有三个强国——埃及、伊拉克和叙利亚，现在伊拉克被美国打掉了，叙利亚国已不国，埃及则自顾不暇，阿拉伯世界可谓群龙无首。近些年来，沙特阿拉伯挑起了阿拉伯世界"领头羊"的旗子，但问题是沙特自身的能力太过有限。沙特钱多是事实，也不缺少先进武器，平均每年花费上百亿美元采购的美式武器装备多数都在"沙漠里晒太阳"，不过，真刀真枪地打仗则是另外一回事，也门战事就是例证。更为重要的是，沙特阿拉伯社会与现代化的国际社会严重脱节，一直到今天沙特妇女仍然没有单独出现在公开场合的权利（必须有自己的丈夫或直系成年男性亲属陪同），否则会马上被关进监狱。目前，萨勒曼国王父子急于实行社会文化变革，并大力推进经济的多元化，但面临巨大的挑战，任重道远。因此，美国国内并不看好沙特在遏制伊朗方面的决心和作用，有些人甚至调侃说："沙特愿意与伊朗抗争到底，直到流尽最后一个美国人的血。"

显然，目前中东地缘政治内部力量的平衡还难以恢复。而从外部的主要力量来看，美国明显没有大规模投入的意愿，而俄罗斯虽蠢蠢欲动，但总体上是有干预的意愿却缺乏干预的能力。

这就是目前的中东。

本报告各章的撰写者如下：第一章，丁隆、妥福良；第二章，龚正；第三章，唐恬波；第四章，丁隆、卜晶晶；第五章，丁隆；第六章，李亚男；第七章，陈双庆；第八章，牛新春。

中东形势变化很快，本书所有稿件写作截至 2018 年春节前。

目　录

第一章
阿拉伯世界总体局势

　　2017 年，阿拉伯国家仍处于 2011 年剧变后的转型期。海合会联盟体系遭遇挫折，内部政治、经济和意识形态矛盾公开化。反恐取得突破性胜利，"伊斯兰国"武装已被击败。局部来看，伊拉克库尔德自治区独立公投加剧了区域不稳定，中东国家面临民族解构的现实威胁。从外部看，美国总统特朗普的中东政策引发地区力量重新洗牌，加剧了域内国家间的对抗。

　　"阿拉伯之春"改变了阿拉伯国家的政治、社会和经济格局。从阿拉伯国家内部体系来看，阿拉伯国家联盟在阿拉伯世界的影响力减弱，被沙特等海湾国家主导，未能在维护区域稳定方面发挥积极作用。在利比亚问题上，阿盟与西方国家立场一致，为西方武装干涉铺平了道路。在叙利亚问题上，阿盟剥夺叙利亚阿盟成员国的资格，导致其在叙利亚问题上被边缘化。海合会方面，沙特—阿联酋轴心与卡塔尔在意识形态、经济利益等方面的矛盾已公开化，海湾一体化进程面临夭折风险。海湾外交危机以来，卡塔尔与伊朗迅速靠拢，土耳其加强了在卡塔尔的军事力量，区域地缘政治格局重组。沙特领导的多国联军对也门的军事行动并未取得实质性进展，反而使也门内战转变为消耗战，沙特则陷入战争泥潭。

埃及等政局稳定国家面临近几十年来最严重的经济危机，通胀率居高不下，财政赤字猛增，外汇储备紧缺，民生问题加剧。海湾国家内部陷入僵局，海合会一体化进程受挫。黎巴嫩总理哈里里辞职事件是沙特与伊朗在黎巴嫩对抗不断升级的一个信号，表明沙特在黎巴嫩的政治投资没有得到回报，转而对其黎巴嫩逊尼派代理人施压。

战乱国家中，也门内战仍然持续，冲突在短期内无望平息，处于时而和谈、时而战乱的胶着局面，安全局势不容乐观。萨利赫死亡，胡塞—萨利赫联盟崩溃将对也门政治格局产生重大影响。萨利赫在也门掌权三十多年，他的死亡留下了权力真空，将加剧也门内部冲突。"随着政治解决方案的可能性越来越渺茫，也门不仅成为伊朗和沙特代理人战争的战场，而且成为海湾国家之间代理人战争的战场。"①也门成为"阿拉伯之春"后唯一没有任何政治解决方案的国家。

叙利亚战局出现重大转折，可以预见的是，巴沙尔政权将成为最后赢家，但部落武装、民兵武装崛起，战后国家重组陷入僵局。伊拉克库尔德自治区独立公投冲击中东民族国家体系，加剧了区域不稳定局势。此外，教派武装、部落武装和民兵武装等非国家行为体崛起，给这些国家战后的秩序重组带来巨大障碍，并为新一轮的教派战争埋下隐患。

利比亚国内的政治冲突日益恶化，哈利法·哈夫塔尔将军领导的军队重创班加西郊区的伊斯兰圣战民兵组织，其政治力量的崛起

---

① Sheila Carapico, What does Ali Abdullah Saleh's death mean for Yemen? Dec. 5, 2017. http://carnegie‐mec. org/diwan/74916.

引发威权主义重新抬头，并开始无视联合国支持的在的黎波里的政府，在这种背景下，目前尚无法建立民族团结政府。此外，利比亚还面临极端主义的挑战，跨国"圣战分子"在此集结。"伊斯兰国"武装分子回流利比亚，不仅加剧了利比亚国内的安全风险，更给北非的安全形式带来巨大隐患。

10 月 12 日，哈马斯与法塔赫迎来近十年冲突后的和解，双方在埃及的斡旋之下签署了和解协议，哈马斯承诺交出对加沙地带与以色列和埃及之间的边境通道的实际控制权。从前几次流产的和解来看，主要障碍在于哈马斯控制的武装人员的去向和其能否交出所掌握的武器装备。但此次和解可能形成统一的巴勒斯坦联合自治政府，埃及说服哈马斯解散其在加沙的政府，并表示愿意派遣一个埃及安全代表团监督和解的执行情况。加沙生活环境的恶化迫使哈马斯做出妥协，卡塔尔也无力帮助哈马斯摆脱困境。2017 年底，美国总统特朗普宣布承认耶路撒冷为以色列的首都，并声称将把美国驻以使馆迁往耶路撒冷。此举引发巴勒斯坦和阿拉伯国家的强烈反应，和平进程的重启越发遥遥无期。

一　特朗普政府的中东政策

奥巴马时期，美国中东政策的特点是战略收缩、避乱求稳、慎用武力。尽管外界普遍预测特朗普将彻底改变美国的中东政策，[①]

---

① Trump's Middle East policies are ogrish and belligerent, but surprisingly normal. Apr. 3, 2017. http：//carnegieendowment. org/2017/04/03/trump－s－middle－east－policies－are－boorish－and－belligerent－but－surprisingly－normal－pub－68509.

但从其上台后实施的具体措施看，美国中东政策并未发生总体性改变，当然局部政策有所变化，具体体现为"双反"（反恐、反伊朗）、"一保"（确保以色列安全），并巩固与沙特等传统盟友的关系。美国战略重心仍在亚太，但在中东拥有巨大战略利益。

虽然，美俄在反恐方面保持一定的合作，但俄罗斯在中东显著上升的战略地位给美国带来巨大挑战，美俄在叙利亚战后安排问题上展开争夺。俄罗斯、土耳其、伊朗三方主导的阿斯塔纳进程，以及索契对话会削弱了美国在叙利亚问题上的作用。特朗普政府不甘心将中东主导权让与俄罗斯，仍通过支持库尔德武装及保持美国在中东地区长期驻军等方式，与俄罗斯展开竞争。

从地区层面看，特朗普访问沙特后，美沙同盟关系加强，特朗普支持沙特组建反伊朗军事同盟。特朗普欲修复美国在奥巴马时期与沙特和以色列疏远的关系，沙特则想借机推动美国对伊朗采取更为严厉的政策。美国的支持使萨勒曼国王父子采取更加冒进的政策，对区域政治格局产生了重大影响。穆罕默德王储掌握国家实际权力以来，发动了对也门的战争，并联合阿联酋等海湾国家对卡塔尔实施封锁等。沙特还企图迫使黎巴嫩总理哈里里下台，更加剧了地区具有教派色彩的新冷战。沙特的一系列动作旨在遏制伊朗不断上升的地区影响力，但由于在外交和军事上过于冒进，不仅加剧了区域动荡，更给沙特的国内改革带来负面影响。

2017 年底，特朗普宣布承认耶路撒冷为以色列首都，这一决定引起伊斯兰世界和国际社会的强烈反对。巴勒斯坦方面宣布不再接受美国为调解人，哈马斯呼吁"第三次起义"并向以色列发射火箭弹。埃尔多安牵头召开伊斯兰合作组织特别首脑会议，指责美国此举越过红线。联合国大会通过决议谴责美国的决定。国际社会担心这一决定将彻底破坏巴以和平进程。但是，从总体反应可以看出，阿拉伯国家并未采取过激行动。特朗普正是看准了阿拉伯世界空前分裂、实力地位严重弱化的现状，才敢于采取此举。当然，特朗普声称他为巴以冲突的解决留下了回旋余地，他仍强调耶路撒冷的地位和边界要通过谈判协商解决，而以色列也在耶路撒冷以东的阿布迪斯为巴方首都预留了建设用地。

但是，特朗普承认耶路撒冷为以色列首都之举将对中东政治和安全格局产生巨大影响。因为，这意味着巴以和平进程在特朗普任期内很难再取得进展，同时此举将给恐怖组织更多口实，不利于全球反恐和去极端化的努力。

二　沙特的现代化改革

萨勒曼国王继位以来，沙特在政治、经济、社会等方面展开全方位改革，以期摆脱对石油的依赖，实现经济去"地租化"，并辅以"去瓦哈比化"的社会改革，使沙特转变为正常国家，为经济改革创造条件。

在政治上，萨勒曼国王不断为其子穆罕默德王储清除政治障碍。6月21日，萨勒曼国王又一次打破自沙特建国以来的王位传承模式，将自己的儿子穆罕默德亲王擢升为王储。11月4日，沙特开始了非常高调的"反腐"，包括王子、部长和商人在内的200多位要人被捕，国王萨勒曼宣布成立最高反腐委员会，由穆罕默德王储担任主席。沙特政治改革有着明显的集权倾向，穆罕默德王子得到迅速提拔，居于国家权力顶峰。所谓反腐主要目的是剪除异己，树立穆罕默德王储的政治权威，并通过没收巨额财产为改革筹资。王储深知改革面临巨大阻力，欲通过反腐向反对者发出信号，表明改革决心。

在经济上，穆罕默德王储期望实现经济多元化，使沙特摆脱对石油收入的依赖，改变"地租型"经济模式，实现经济多样化。沙特经济改革包括税制改革，如引入增值税，提高水价、油价等公共服务价格。值得特别关注的是经济特区建设和阿美石油公司上市计划。继"2030 愿景"后，沙特又公布了建设"尼尤姆"新城的计划。穆罕默德王储说："尼尤姆将成为红海沿岸和亚喀巴湾并连接亚洲、非洲和欧洲的一个新的充满活力的新城。"① 该新城将侧重于九个领域，重点发展能源、水源、电子技术、生物科技、食品、数字化科学、先进制造业、传媒与娱乐工业。在油价低迷的背景下，沙特试图通过吸引外资、发展高新技术产业，促进沙特工业化和经济多元化。阿美石油公司上市已提上日程，目的是募集资金，用于发展非石油行业。

与经济改革相配套，穆罕默德王储推出多项社会文化领域的改革。他在利雅德的一次经济会议上指出："回归'温和的伊斯兰'是实现沙特现代化的关键。"② 在社会领域，他号召去极端化，回归"温和的伊斯兰"，力求建立一个多元包容的社会。例如，以妇

---

① Saudis plan to build $500bn mega city and business zone, BBCnews, Oct. 24, 2017. http：//www. bbc. com/news/world – middle – east –41740626.

② Crown prince says Saudis want return to moderate Islam, BBCnews, Oct. 25, 2017. http：//www. bbc. com/news/world – middle – east –41747476.

女赋权为中心，先后推行了赋予妇女驾车权、允许女性观看体育赛事、女校开设体育课程等改革。在讲话中，穆罕默德王储公开批评沙特的官方意识形态瓦哈比主义，矛头直指极端主义，称极端主义使沙特人无法正常生活，阻碍社会发展，使沙特不能融入世界。虽然这种言论得到国际社会的好评，但在保守的沙特社会引起较大争议。这些改革触及宗教传统势力的既得利益，必将遭到沙特王室、宗教机构及民众中相当一部分人的反对。

沙特家族统治的基础是石油收入以及与瓦哈比派宗教机构的联盟。沙特最近的改革不仅触及王室家族内部和国内权力斗争，也预示着国家治理方式的深刻、结构性变革。

三　海湾外交危机

2017 年，海合会一体化进程遭遇重大挫折。卡塔尔外交危机无疑是海湾和阿拉伯世界最严重的内讧，也是海合会成立 36 年来经历的最严重危机。以沙特、阿联酋为首的海合会成员国对卡塔尔实施了除战争以外的最严厉的制裁措施。沙特和埃及两个阿拉伯轴心国家联手打压卡塔尔，使阿拉伯世界陷入严重的分裂。目前看这场危机尚无在短时间内平息的可能。

"此次危机反映出卡塔尔与沙特等国在意识形态、经济利益及区域秩序方面的不同理解和无法回避的矛盾。"① 从国际层面看，

---

① The only way out of the Qatar crisis, June 29, 2017, http://www.fpri.org/article/2017/06/way - qatar - crisis/.

危机发生在特朗普访问沙特之后，美国在其中起到重要作用，正是特朗普的默许使沙特和阿联酋增加了打压海合会内异己的底气。一方面，沙特企图迫使卡塔尔调整外交政策，改变对政治伊斯兰和伊朗的态度；另一方面逼迫区域国家选边站队，显示其在海湾和阿拉伯世界的领导地位。

从区域层面看，断交危机爆发后，土耳其借口海湾稳定关乎土耳其的稳定迅速做出反应，称希望各方通过对话方式化解危机，但土耳其的立场明显偏袒卡塔尔。土耳其与卡塔尔有诸多共同利益：卡塔尔在土耳其有大量投资；两国政府在对待穆斯林兄弟会和哈马斯方面有相似的意识形态立场；双方也都认为伊朗是重要的地区参与者并试图保持与伊朗的良好关系。而且，土耳其有意借此机会扩展其在海湾区域的影响力。对于卡塔尔来说，因国小势弱，其对本次外交危机表现了极大的克制，既无勇气与海合会决裂，也不可能与伊朗走向敌对。因此，卡除了维护其主权和外交独立之外，一直"忍气吞声"，并竭尽全力争取各方面的支持。以卡塔尔外交危机为背景，中东地区实质上形成了以沙特为首的反政治伊斯兰阵营和以土耳其为首的亲政治伊斯兰阵营。①

卡塔尔外交危机的出现及长时间的持续是多年来海湾区域整合的重大挫折。目前，沙特—阿联酋轴心成为海湾区域合作的"新机制"，但这一轴心（沙特和阿联酋）在也门等问题上也有分歧，其未来发展趋势尚不明朗。

---

① "Why is Turkey standing up for Qatar?", June 14, 2017, http：//www.bbc.com/news/world – middle – east – 40262713.

四　"伊斯兰国"全线溃败

2017 年，中东反恐取得重大突破，尤其在打击"伊斯兰国"方面取得较大进展。极端组织"伊斯兰国"在多方联合打击之下已经全线溃败。

从战场形势来看，"伊斯兰国"已经彻底失去了正面对抗能力，其占领的主要城市已被收复，只在人烟稀少的偏僻村镇零星顽抗，其获取资金的主要渠道已被切断。

然而，早在丢失拉卡之前，"伊斯兰国"高层已经为正面战场失利做好准备，其部分武装人员混入民间，通过开展游击战和发动恐怖袭击继续顽抗，试图卷土重来。面对正面战场的溃败，其麾下世界各地的恐怖组织纷纷发起"独狼式"行动，对欧、美及亚洲部分国家实施恐怖袭击。因此，正面战场的胜利并不意味着完全战胜"伊斯兰国"，其在伊拉克、叙利亚之外发动的恐怖袭击仍然对国际和平及区域安全构成严重挑战。

显然，国际社会打击恐怖主义的斗争还远未结束。目前，"伊斯兰国"部分外籍武装人员已经潜逃回国，对回流国的安全构成巨大威胁，彻底消灭"伊斯兰国"仍然是摆在国际社会面前的一道费时耗力的难题。一方面，彻底铲除"伊斯兰国"的残余势力需要国际社会的通力合作，对"伊斯兰国"武装人员实施全力围剿；另一方面，需要彻底根除恐怖主义与极端主义产生的意识形态根源。正确阐释宗教教义，有助于消除极端主义的温床。发展经济，创造就业，解决社会问题，避免大量失业青年加入极端组织，也是保证反恐斗争获取胜利的关键所在。

五　伊拉克库尔德自治区独立公投搅乱地区局势

"阿拉伯之春"后，叙利亚、伊拉克陷入长期内乱，教派冲突进一步加剧。在打击"伊斯兰国"武装过程中，叙、伊两国的库尔德民兵武装迅速壮大，西方国家将库尔德力量视为打击"伊斯兰国"最可靠的地面武装力量，向其提供经济和军事援助。2017年，在反恐进入胜利阶段、"伊斯兰国"全线溃败的背景下，叙利亚库尔德民兵武装乘机占领了大片土地，伊拉克库尔德自治区的力量也大为增强。

阿拉伯剧变给伊拉克库尔德人寻求独立提供了机遇。"库尔德人认为他们应该有一个国家，他们已经等了很久，他们独立的历史时刻已经到来。"[1] 2017年9月15日，伊拉克库尔德自治区议会批准举行独立公投的议案。9月25日，伊拉克库尔德区举行独立公投，试图建立属于库尔德人自己的独立国家。伊拉克库尔德人一直是中东各国库尔德人的风向标，此举必然会鼓舞其他国家的库尔德民族主义。伊拉克库尔德区独立公投自然遭到了土耳其等相关国家的强烈反对。结果表明，伊拉克库尔德区的公投不仅引起库尔德内部的分裂和动荡局势，还严重扰乱了打击"伊斯兰国"的行动和伊拉克政治稳定，更冲击了中东相关国家的统一，加剧这些国家的族群分裂。

---

[1] Tamer El – Ghobashy, Mustafa Salim and Kareem Fahim Kurds in Iraq vote in historic independence referendum. Sep. 25. http：//www. washingtonpost. com/world/kurds – in – iraq – vote – in – historic – referendum – for – independence/2017/09/25/a477549e – a14d – 11e7 – b573 – 8ec86cdfe1ed_ story. html? utm_ term =. f6a144c2a1a5.

针对伊拉克库尔德区的独立公投，土耳其、伊朗分别在边界与伊拉克政府军举行联合军事演习，给伊拉克库区内外造成巨大压力。10 月 16 日，伊拉克政府军突然发兵，占领了伊拉克库尔德武装实际控制的基尔库克。① 在面临空前外交孤立和多方军事压力下，财源紧张的伊拉克库尔德人不得不放弃独立建国的梦想，巴尔扎尼宣布辞职。目前，"伊拉克库尔德人的独立公投就像加泰罗尼亚分离运动一样，只能成为历史"②。但未来可以肯定的是，库尔德人已经成为中东地区一股主要的政治力量，在区域民族国家建构中注定要扮演重要的角色。

现在看来，伊拉克库尔德自治区的独立公投和独立的尝试是危险的一步，库尔德人现实的内部环境、周边和国际环境都不支持其这种努力。首先，库尔德内部就独立问题意见不一，难以达成一致。其次，相关国家不会坐视其各自的国家分裂和库尔德人建国。最后，现阶段西方大国并不支持库尔德人独立，美国只是在反恐中为了自身利益利用库尔德人而已。

六　前景展望

阿拉伯剧变打破了阿拉伯世界自 20 世纪 50 年代以来的政治格局，传统的地区秩序遭到破坏，民族、教派矛盾日益加剧，意识形

---

① Tamer El - Ghobashy and Mustafa Salim, Oct. 20, 2017. Kurdish and Iraqi forces in fierce clash for remaining district of Kirkuk. http://www. washingtonpost. com/world/middle_ east/kurdish - and - iraqi - forces - in - fierce - clash - for - remaining - district - of - kirkuk/2017/10/20/3564bdd0 - b5a2 - 11e7 - 9b93 - b97043e57a22_ story. html? utm_ term = . 8a82bb1c7dc5.

② Two botched referendums. Nov. 3, 2017. http://carnegie - mec. org/diwan/74604.

态和观念竞争正在重塑阿拉伯政治文化。阿拉伯国家正在经历深刻的政治、经济和社会文化转型，而社会、经济和人口压力更加剧了这种转型的混乱无序状态。亨廷顿指出："现代性孕育着稳定，而现代化过程却滋生着动乱。"[①] 无论是沙特自上而下的改革尝试，还是其他国家自下而上的"革命"，均为阿拉伯国家现代化进程中无法避免的过程。阿拉伯世界面临着民族构建起点水平低、经济结构单一、地缘政治复杂等其他国家和地区没有的复杂现实。因此，阿拉伯国家短期内实现稳定和现代化并不现实，稳定与发展还有很长的路要走。

---

① 〔美〕亨廷顿：《变化社会中的政治秩序》，王冠华等译，上海世纪出版集团，2008，第31页。

第二章

叙利亚：乱局未解，博弈加剧

2017 年，叙利亚危机进入第七个年头，战场形势出现重要转折，整体局势发生诸多新变化："伊斯兰国"在美俄各自牵头的反恐联盟打击下走向崩溃，其作为"国家"的实体已不复存在，但恐怖主义威胁仍存；叙利亚政府军收复更多失地，战场优势得以持续巩固；反政府武装被"圈禁"在"冲突降级区"，实力、士气更趋虚弱；库尔德武装控制区域扩大，在叙北部影响力日益攀升；美、俄、伊（朗）、土（耳其）等涉叙外部势力纷纷调整对叙政策，利用各自代理人围绕后"伊斯兰国"时代叙利亚秩序的博弈明显加剧，国际社会政治解决叙危机的前景很不乐观。叙利亚危机已成为"微型世界大战"，局势发展中杂糅了多方政治势力、经济利益、民族宗教、意识形态、地缘政治斗争等多重因素，叙彻底实现止乱回稳仍遥遥无期。

一 "伊斯兰国"全面溃败，
恐怖主义威胁仍存

"伊斯兰国"的全面溃败是 2017 年叙利亚形势最大变化，对整个中东局势乃至国际反恐斗争、全球政治走向都产生了深远影响。2011年所谓的"阿拉伯之春"爆发后，中东多国陷入大动荡、大混乱、大变局，原有中东地缘政治秩序濒临坍塌。在此背景下，"伊斯兰国"趁势迅速崛起、攻城略地，并于2014年6月29日宣布"建国"，将其"首都"定于叙利亚东北部城市拉卡，控制区横跨叙利亚、伊拉克两国，"版图"最大时约有20万平方公里。叙利亚政府、伊拉克政府、库尔德武装、美国及西方盟友、俄罗斯、伊朗等各方势力虽心思各异，但均不同程度地加入打击"伊斯兰国"的行列。"伊斯兰国"恐患肆虐之势得到遏制，但目前其武装分子化整为零流散各地，其意识形态、滋生土壤等远未根除，安全隐忧仍不容小觑。

第一，"伊斯兰国"丢失"首都"，"国家"实体已不复存在。2014年初，"伊斯兰国"宣布建国，"定都"拉卡后，将该地经营成为"伊斯兰国"的行政中心、军事指挥中心和暴恐策源地。经过三年来各方的打恐行动，2017年，"伊斯兰国"在战场上连续受挫，地盘大幅缩水，人员损耗严重，并最终丢失最后据点拉卡。美国支持的以库尔德武装为主力的"叙利亚民主军"2016年11月开始在叙北部多个地点对"伊斯兰国"展开攻势，清剿在拉卡外围的恐怖分子据点，并不断逼近拉卡中心城区。2017年6月初，在美国授意下，叙"民主军"高调宣布打响解放拉卡的最后战役，从东、北、西三面同时向拉卡发动总攻，并于月底封锁了南部恐怖分子的最后退路。此后经过四个月的艰苦战斗，"民主军"不断缩小对"伊斯兰国"的包围圈。当年10月，为了减少交战造成的平民伤亡，叙"民主军"与部分"伊斯兰国"成员在当地部落长老的协调下达成协议，约 400 名缴械的武装分子及其 3500 名家属于 14 日撤离拉卡，退往叙东部代尔祖尔省，[①] 10 月 20 日，叙"民主军"正式宣布彻底攻克拉卡。此外，与美国、库尔德武装同步，叙利亚政府军在俄军协助下于 2017 年 9 月攻入代尔祖尔省首府代尔祖尔市，打破了"伊斯兰国"对该市长达三年的围困；经过同样激烈胶着的三个多月战斗，叙政府军最终于 12 月宣布结束在代尔祖尔的反恐战斗。到 2017 年 12 月，美军方称"伊斯兰国"所控制的土地面积只有其鼎盛期的 2%，且其剩余的控制地区大多为人烟稀少、交通闭塞、资源匮乏的边缘地带。[②] 至此，肆虐中东三年多的"伊斯兰国"遭到实质性打击，失去了对领土、人口、社会的恐怖统治，其所谓"国家"的形态已不复存在，其"政治实体"地位也就此成为历史。从数据对比上看，2014 年 9 月，据时任美国国家反恐中心主任马修·奥尔森（Matthew Olsen）的统计，当时"伊斯兰国"控制两河盆地（幼发拉底河与底格里斯河）的大部分地区，其控制区面积达 21 万平方公里（多为沙漠），与英国的领土面积相当。[③] 英国 IHS Markit 公司安全防务分析师 2018 年 1 月发布总结报告称，2017 年 1 月至 2018 年 1 月，"伊斯兰国"的领土面积缩小了 89%，从 6 万平方公里下降至 6500 平方

---

① Quentin Sommerville and RiamDalat，"Raqqa's dirty secret"，*BBC*，November 13，2017. http：//www.bbc.co.uk/news/resources/idt－sh/raqqas_dirty_secret（上网时间：2018 年 2 月 12 日）。

② "ISIS has lost 98 percent of its territory，officials say"，*Fox News*，December 26，2017. http：//www.fox32chicago.com/news/dont－miss/isis－has－lost－98－percent－of－its－territory－officials－say（上网时间：2018 年 2 月 12 日）。

③ "What is 'Islamic State'？"，December 2，2015. http：//www.bbc.com/news/world－middle－east－29052144（上网时间：2018 年 1 月 31 日）。

公里。①

第二，极端分子严重减员，最高头目仍下落不明。在作战人员数量方面，据美国中央情报局 2014 年 9 月估计，"伊斯兰国"在叙利亚和伊拉克境内的武装分子数量多达 2 万~3.15 万人。②2016 年 2 月初，美国国防部官员透露，"伊斯兰国"武装人员已由先前估计的 2 万~3 万人缩减到 1.9 万~2.5 万人。③ 此后一年多的时间里，美国政府一直维持对"伊斯兰国"武装分子这一规模的评估，这也成为其他媒体频频引用的数据源。经过 2017 年在伊拉克、叙利亚战场上的联合打击，"伊斯兰国"战斗人员的规模大幅度下降，2017 年 10 月，美军方称"伊斯兰国"武装战斗人员数量已下降至 6500 人。④ 但并不能就此简单认为这些人员都已在战场上被消灭了。如上文所述，在拉卡被攻克之前，美军及其盟友叙"民主军"曾通过协议让大批恐怖分子"逃出生天"，而美国打击"伊斯兰国"国际联盟发言人迪伦也指责叙政府放走

---

① Islamic State Propaganda Now Focused on Perpetual War, Not State – Building Aspirations, IHS Markit Says, http: //news. ihsmarkit. com/press – release/aerospace – defense – security/islamic – state – propaganda – now – focused – perpetual – war – not – stat（上网时间：2018 年 1 月 31 日）。

② JimSciutto, JamieCrawford and ChelseaJ. Carter, "ISIS can 'muster' between 20, 000 and 31, 500 fighters, CIA says," September 12, 2014. http: //www. cnn. com/2014/09/11/world/ meast/isis – syria – iraq/（上网时间：2018 年 1 月 31 日）。

③ Andrew Tilghman, "Size of ISIS force declining in Iraq and Syria, according to new intel," February 4, 2016. http: //www. militarytimes. com/story/military/2016/02/04/new – intel – shows – isis – force – declining – iraq – syria/79819744/（上网时间：2018 年 1 月 31 日）。

④ Jamie McIntyre, "ISIS down to 6, 500 fighters, holds only 3 percent of Iraq", the Washington Examiner, October 17, 2017, http: //www. washingtonexaminer. com/isis – down – to – 6500 – fighters – holds – only – 3 – percent – of – iraq/article/2637810（上网时间：2018 年 1 月 31 日）。

了恐怖分子。① 另据《纽约时报》2017 年 12 月报道，在叙利亚土耳其边境地带有人帮助"伊斯兰国"分子偷渡到土境内，一位名叫阿布奥马尔的走私犯称其曾帮助 50 个"伊斯兰国"分子逃到土耳其，每个人须交 2 万~3 万美元。② 若此报道属实，说明美军方 2017 年 10 月攻克拉卡之初公布的"伊斯兰国"武装分子规模被严重低估。另外，2017 年，国际反恐联盟将主要焦点放在"猎杀"该组织头目巴格达迪上。2017 年 5 月底俄国防部表示，在一次叙利亚的空袭中很可能击毙了巴格达迪。俄上院安全委员会主席维克多·奥泽罗夫 6 月 23 日表示，"伊斯兰国"首领巴格达迪死亡的可能性接近百分之百。③ 但此消息立即遭到美国的质疑和否定。此后又有土耳其媒体《新黎明报》（YeniSafak）爆料称，巴格达迪已被美军抓捕，目前被关押在叙北部的一个美军基地。但 2017 年 12 月 19 日美军再次否认已抓捕到"伊斯兰国"领导人巴格达迪的消息。美军方发言人称："如果我们知道巴格达迪的藏身之处，他可能早就已经死去，或是被逮捕，正等待对他所犯下的军事罪行的判决。"④

第三，"伊斯兰国"转入地下蛰伏，经营外部分支，伺机暴

---

① "Thousands of ISIS Fighters Flee in Syria, Many to Fight Another Day", *the New York Times*, Feburary 4, 2018. https：//www.nytimes.com/2018/02/04/world/middleeast/isis - syria - al - qaeda.html（上网时间：2018 年 1 月 31 日）。

② "Thousands of ISIS Fighters Flee in Syria, Many to Fight Another Day", *the New York Times*, Feburary 4, 2018. https：//www.nytimes.com/2018/02/04/world/middleeast/isis - syria - al - qaeda.html（上网时间：2018 年 1 月 31 日）。

③ 《俄官员：高度确信"伊斯兰国"首领巴格达迪在空袭中身亡》，中国日报网，http：//world.huanqiu.com/hot/2017 - 06/10890923.html（上网时间：2018 年 1 月 31 日）。

④ 《以美国为首的联盟否认已经抓捕到"伊斯兰国"头目巴格达迪》，俄罗斯卫星网，http：//sputniknews.cn/politics/201712191024310692/（上网时间：2018 年 1 月 31 日）。

恐作乱。对"伊斯兰国"这样特殊的恐怖组织而言，其绝不可能放弃继续招募极端分子、传播极端思想。"伊斯兰国"虽然已经被"灭国"，但其领导层仍大致保持着原有的完整架构，并以类似"影子国家"的模式维持运行；其仍在利用各类渠道发布绑架、处决人质的信息。"伊斯兰国"将2017年在战场上的溃败描述为"持久战的一部分"，并将丢掉大城市粉饰为"战略撤退"。另据IHSMarkit公司2018年初评估，尽管"伊斯兰国"利用社交媒体渠道进行宣传的材料在2017年减少了约62%，但2017年12月单月宣传品仍高达495份。同时，有证据显示，"伊斯兰国"的宣传部门仍然有能力与在叙利亚、伊拉克之外的分支机构联系。[1] 此外，"伊斯兰国"仍有足够能力在中东域内外发动恶性恐袭。英国简氏信息集团下设的"恐怖主义与叛乱活动情报中心"表示，尽管"伊斯兰国"2017年失去了大量占领区域，但仍是目前世界上最活跃的恐怖组织。该中心主管马修·亨曼（Matthew Henman）称，迫于日益增强的国际压力，"伊斯兰国"发动恐怖袭击的强度虽然有所减弱，但频率在增加。据统计，2017年"伊斯兰国"发动的恐怖袭击达到4612次，较2016年增长了9%，但造成的死亡人数下降了40%，为6499人。[2] 在越来越大的军事、财政和资源压力下，"伊斯兰国"更多地在欧美等地实施恐袭以转移国际社会的注意力，在叙利亚和伊拉克之

---

① Islamic State Propaganda Now Focused on Perpetual War, Not State – Building Aspirations, IHS Markit Says, http：//news. ihsmarkit. com/press – release/aerospace – defense – security/islamic – state – propaganda – now – focused – perpetual – war – not – stat（上网时间：2018年1月31日）。

② 《英国研究机构：2017年伊拉克叙利亚恐袭遇难者数量大幅减少》，环球网，http：//world. huanqiu. com/exclusive/2018 – 01/11535152. html（上网时间：2018年2月5日）。

外建立新基地、开拓新的生存空间。就目前看，埃及西奈半岛、阿富汗、巴基斯坦以及中亚、东南亚国家都是其优先发展的地区，2017 年上述区域恶性暴恐事件频发即为明证。当然，总体来看，后"伊斯兰国"时代的叙利亚仍是国际恐怖主义的重灾区和主要输出地。

二　三大"阵营"博弈，多重矛盾交织

与中东其他陷入动荡的阿拉伯国家不同，叙利亚危机中外部势力间的矛盾早已成为左右局势走向的主因，而且内外矛盾相互交织叠加，构成此消彼长、恶性循环的复杂态势。随着 2017 年叙局势进入后"伊斯兰国"时代，涉叙各股内外势力正在进行新一轮分化组合，根据战略利益形成相互竞争的三大"阵营"："俄罗斯—伊朗—叙利亚政府"阵营、"美国—库尔德"阵营和"土耳其—叙自由军、美地区盟友—叙反政府武装"阵营。必须要注意的是，这三大阵营虽在整体上是相互敌对和竞争的关系，但并不是壁垒分明的封闭结构，每个阵营中的"子成员"与其他阵营成员的关系错综复杂。通过对三大阵营 2017 年的自身演变与彼此关系的分析，可对一年来纷繁复杂的叙利亚乱局有相对清晰的认识。

其一，"俄罗斯—伊朗—叙利亚政府"阵营占据最大战略主动。叙政府拥有对叙领土主权法理上的合法地位，在俄、伊朗、黎巴嫩真主党等盟友（部队规模未知）的支援下，现已控制叙利亚一半以上的领土和 70% 以上的人口。2015 年 9 月 30 日俄罗斯强势

进入叙利亚战局后，立即成为叙利亚战场上的主角。俄不仅提供了强大的空中打击力量，还加固了其在叙海、空两大军事基地，帮助叙政府军从叙利亚反对派和"伊斯兰国"手里收复大片失地，其中尤以2016年底收复阿勒颇最为辉煌。2017年，"俄伊叙"阵营不断巩固、消化和转化胜利果实。军事上，"俄伊叙"三方密切配合，在阿勒颇、伊德利卜、大马士革周边继续巩固战场优势，确保反对派被分割、难以形成相互联系或进行有效反扑，并伺机分而消灭之；外交上，通过组织阿斯塔纳和会，拉拢土耳其建立"冲突降级区"，俄土伊三国组成"停火担保国"，反政府武装事实上被"圈禁"起来。2017年12月11日，普京闪电式访问叙利亚（俄军事基地），宣布俄叙联军已"击败恐怖分子""俄军主要部队将从叙凯旋"[1]。但俄将长期保留在叙的军事基地，牢牢掌控叙局势，叙利亚已经成为普京经略中东、影响世界的重要棋子。正如美国国务院和国防部前高参伊兰·戈登伯格所称："普京在叙利亚已经赢了。"[2]

对叙利亚政府而言，2017年也是其进一步稳住阵脚的一年。经过过去两年与俄罗斯、伊朗的合作，巴沙尔政权生存已不成问题，"伊斯兰国"也得到了遏制。为了"面谢"普京，巴沙尔于2017年11月飞赴索契，这是巴沙尔继2015年11月访俄后的第二

---

① "Putin announces Russian troop withdrawal from Syria during visit", December 11, 2017, *BBC News*, http://www.bbc.com/news/world – middle – east – 42307365（上网时间：2018年2月12日）。

② Michael Crowley, "Trump cedes Syrian postwar planning to Putin", Politico, November 21, 2017. https://www.politico.com/story/2017/11/21/trump – putin – russia – syria – 257407（上网时间：2018年2月12日）。

次出访。尽管政权安全已有保障，但今天的巴沙尔政府已基本失去对其领土和主权的权威，不得不在相当程度上"看俄罗斯和伊朗的脸色"行事。就在 2017 年 12 月普京"旋风"访叙期间，西方媒体大肆炒作访问中的一个细节：叙总统巴沙尔试图与普京一道检阅驻叙俄军，但被俄方人员阻拦。① 此外，在对土耳其、叙自由军、库尔德武装的态度上，巴沙尔也必须与俄罗斯协调一致。如2018 年 1 月土耳其军队进入叙领土阿夫林打击库尔德武装，此举明显得到俄罗斯的默许，叙政府也只能嘴上抗议抗议而已。据俄人士称，土俄达成协议，土将阿夫林的库尔德人赶出后，将把该地"还给"叙政府。② 但这可能也就是说说而已。

其二，"美国—库尔德"阵营加速捞取政治军事筹码。该阵营以美国在叙 2000 多人的驻军以及美扶植的约 5 万名叙"民主军"组成，"民主军"又以库尔德武装为绝对主力，控制着石油资源较丰富的叙东北部和幼发拉底河谷的可耕地（约占叙总面积的 25% ~30%）。2017 年特朗普上台以来，美国对叙政策有两个明显变化。一是政策目标的优先次序更加清晰。与奥巴马相比，特朗普将打击"伊斯兰国"放到对叙政策中更优先、更紧迫的位置，美政府高官也不再高喊"巴沙尔必须下台"。2018 年 1 月 17 日，美国务卿蒂勒森在斯坦福大学胡佛研究所发表美国对叙政策前景的演讲，首次

---

① "Humiliating moment Assad is stopped from following Putin by Russian soldiers on SYRIAN soil during 'victory' announcement", *The Daily Mail*, December 12, 2017. http：//www. dailymail. co. uk/news/article – 5171633/Humiliating – moment – Assad – stopped – following – Putin. html（上网时间：2018 年 2 月 11 日）。

② Maxim A. Suchkov, "Russia's role in Afrin depends on Turkey's true intentions", *al – Monitor*, January 29, 2018. http：//www. al – monitor. com/pulse/originals/2018/01/russia – strategy – northern – syria – kurds – afrin – sochi. html#ixzz56sTnzDnY（上网时间：2018 年 2 月 11 日）。

清晰阐述了美在叙的战略目标：第一，彻底击溃"伊斯兰国"和"基地"组织叙利亚分支，使其不能对美国本土构成挑战，且不会以新形态死灰复燃，叙利亚永不再是恐怖分子用来组织、招募、资助、训练和袭击全球美国公民及美盟友的平台和避风港；第二，按照联合国安理会第 2254 号决议，在联合国主导的政治进程下解决叙利亚人民和巴沙尔政权的冲突，一个稳定、统一、独立的叙利亚将在"后巴沙尔领导层"带领下保持国家的正常运转；第三，清除伊朗在叙利亚的影响，击碎其建立"北部弧形地带"的梦想，并让叙利亚邻国免于遭受源自叙境内的各类安全威胁；第四，创造条件让叙难民和流离失所者安全并自愿回归家园；第五，清除叙利亚的大规模杀伤性武器。① 上述五个目标中，第三个"遏制伊朗"的目标尤其引人注目，这是美国在后"伊斯兰国"时代对叙政策的新重点和新抓手。二是在实现战略目标上执行力更强、投入更多。2017 年 4 月 6 日，特朗普下令美军突袭了叙利亚政府军机场，号称此举是"惩罚叙军动用化武"；6 月，终止实施了四年多的中情局援助叙利亚反对派任务；7 月，与俄罗斯、约旦达成在叙利亚南部建立新的"冲突降级区"。与此同时，美军从 2017 年下半年明显加大在叙利亚境内对"伊斯兰国"目标的空袭规模，也明显增大对库尔德武装的支持力度，并最终帮助其在 10 月攻克"伊斯兰国"老巢拉卡。正当外界纷纷猜测美国在后"伊斯兰国"时代的伙伴政策时，2018 年 1 月，美国军方明确表示将花数年时间，

---

① Rex W. Tillerson, "Remarks on the Way Forward for the United States Regarding Syria", January 17, 2018. http://www.state.gov/secretary/remarks/2018/01/277493.htm（上网时间：2018 年 2 月 1 日）。

以叙"民主军"为基础打造 3 万人的叙利亚"边境安全部队"，美将长期驻留叙东北部。①

叙库尔德人势力也在这场洪流中与美利益绑定得越来越紧。叙库尔德人长期偏安叙东北一隅，与叙其他民族整体上相安无事。在叙内战爆发之初，其下属武装组织"人民防卫军"（YPG）采取守势，主要是防范其他势力侵入库尔德人聚居区。2012 年至 2015 年三年间，库尔德武装趁机填补战场真空，先后占领了科巴尼、阿穆达和阿夫林等地。2015 年 10 月，"人民防卫军"得到美国大力支持，成为叙"民主军"主力，配合美军打击"伊斯兰国"。但也就是从这时起，库尔德武装失去了其自身的独立性，开始被美国作为其在叙利亚的主要抓手。目前，美正在将库尔德武装打造成其在叙的最重要地面力量，以既防止恐患复燃，也遏制"俄伊叙"联盟，同时又牵制土耳其。叙库尔德人与叙政府军、叙反对派一样，难以摆脱其被外部势力牵着鼻子走的局面。

其三，"土耳其—叙反对派、美地区盟友—叙反政府武装"阵营努力维持自身影响。该势力是以土耳其在叙部队（官方未披露人数）、中东地区沙特等美国盟友和 2.5 万人的叙逊尼派反政府武装、伊斯兰武装分子以及极端圣战分子组成的松散联盟，主要盘踞在叙西北部伊德利卜省。土耳其、沙特等国从叙利亚危机爆发之初便开始介入整个局势，长期以来都是叙利亚反对派的最大后台，企

① U. S. troops will stay in Syria to counter "strategic" threat from Iran, *The Washington Post*, January 17, 2018. https：//www. washingtonpost. com/world/middle_ east/us – troops – will – stay – in – syria – to – counter – strategic – threat – from – iran/2018/01/17/eeed9d16 – fb8f – 11e7 – 9b5d – bbf0da31214d_ story. html？utm_ term =.640e71a39eed（上网时间：2018 年 2 月 11 日）。

图推翻巴沙尔政府。但随着叙战局"泥潭化"，叙巴沙尔政府逐渐站稳脚跟，特别是库尔德势力在美国的支持下地盘越来越大，沙特等国越来越"销声匿迹"，土耳其对叙政策重点不得不转向防范叙库尔德武装力量壮大：2016年8月至2017年3月，土军越过叙利亚边境发起长达7个月的"幼发拉底之盾"行动，防止库尔德武装东西连成一片；之后土又与俄、伊朗合作达成建立"冲突降级区"，让叙反政府武装与政府军冲突降温。此外，土耳其从2017年10月起在叙利亚北部的伊德利卜省建立了多个"军事观察点"，表面上为"落实阿斯塔纳会谈成果""为当地提供人道主义援助"，其真实目的则是为保持土在叙的发言权，既"看住"库尔德武装，又"管住"叙利亚反对派。

在土耳其等外部势力干预下，叙反政府武装也在2017年发生了巨大变化。2011年下半年，叙在外部势力推动下进入内战状态，出现了大批反政府武装，其中最高峰时"有名有姓"的武装组织达到6000多个，其背后得到土耳其、沙特、卡塔尔等诸多力量的支持。随着叙战争进程的"大浪淘沙"，大批反政府组织作鸟兽散，剩下实力较强的都成为外部势力代理人。目前，盘踞在叙北部的反政府武装主要有"沙姆军团"（Faylaq al - Sham）、"努尔丁·赞吉运动"（Nour al - Din al - Zenki）、"黎凡特阵线"（Levant Front）等，这些组织从2016年下半年开始就在对叙政府军作战中越来越难有太大作为了。[1] 2016年底反对派丢掉大本营阿勒颇后，

---

[1] JonathanSpyer，"Welcome to Syria 2.0"，*Foreign Policy*，January 25，2018. http：//foreignpolicy.com/2018/01/25/welcome - to - syria - 2 - 0/（上网时间：2018年2月12日）。

反政府武装更是一蹶不振。2017 年 6 月，沙特与卡塔尔爆发"断交危机"，两方更无暇顾及其在叙的反政府盟友，使越来越多的叙反政府武装只能仰仗土耳其的鼻息。现在叙利亚反政府武装主要为自己的生存而战，其活动区域也集中在与土边境相邻的伊德利卜省，越来越成为土耳其在叙的代理人。2018 年 1 月 20 日，巴沙尔政府收复了叙北部长期被反对派占领的阿布杜胡尔空军基地，叙反政府武装却忙于协助土耳其攻打阿夫林。

综合各大研究机构信息源，截至 2018 年 1 月，叙利亚政府控制土地面积为 58%，美国支持的叙利亚"民主军"控制 25%，叙利亚反对派控制 10%，"伊斯兰国"残余势力仍控制 7%。从人口比例上看，叙利亚政府控制约 70.8% 人口，反对派控制 9.2%，叙"民主军"控制 14.3%，"伊斯兰国"控制 5.7%。[①] 在上文提到的三大阵营中，"俄伊叙"阵营实力最强、处境最佳，一方面与"土—反对派"阵营保持"冲突降级"，尝试开启政治谈判；一方面对"美—库尔德"阵营保持战略威慑，也不忘拉拢其参与政治进程。"土—反对派"阵营实力最弱，但战略上可进可退：外交上俄、伊朗都需要土耳其的配合，军事上在遏制库尔德问题上赢得了俄的默许。"美—库尔德"阵营实力稍逊于"俄伊叙"阵营，经济资源也较为丰富，但其处境最为尴尬：一方面是同为北约盟国的土耳其对美支持库尔德人大为光火；另一方面"俄伊叙"也指责美军在叙存在"侵犯主权"问题。随着土耳其 2018 年 1 月 20 日入侵

---

① Syria Civil War Map, http://syriancivilwarmap.com/war-statistics/（上网时间：2018 年 2 月 12 日）。

阿夫林，"土—反对派"与"美—库尔德"阵营的矛盾更趋激化，正深刻影响着未来叙局势的走向。

三 三大"走廊"混战激烈，各方争相填补真空

纵观2017年叙利亚战场形势演变可以发现，在各利益攸关方围绕战后秩序的提前布局谋划中，对三条所谓"战略走廊"的争夺愈演愈烈，而且越发成为"伊斯兰国"式微后叙、伊战场斗争的主线。这种新的战场斗争形态主要是由叙利亚、伊拉克独特的地理资源禀赋决定的。"伊斯兰国"控制区主要集中在叙东部、伊西部沙漠地带，气候高温干旱、降水稀少。因此，尽管叙、伊边境长达600公里，但人畜穿行必须依赖屈指可数的几处绿洲地带，同时这些极其稀缺的绿洲、通道、口岸又是连接叙利亚、伊拉克、伊朗的陆路必经之地，自古以来便为兵家必争。而且这些地带又分布着重要的能源：叙利亚三分之二的石油资源集中于叙东部沙漠区，几乎全部陆上天然气资源也在该地区，虽然总量与伊拉克、沙特等国相比微乎其微，但对战后叙利亚重建来说则是相当重要的资源；伊拉克西部的阿卡斯天然气田储量巨大，其位置恰好处于叙、伊过境走廊附近，一旦局势恢复平静，伊拉克即可重启"伊—叙油气管线"，将油气资源向西输出至地中海沿岸。

首先，"俄伊叙"联盟打通"什叶派走廊"。这条走廊是沟通叙利亚大马士革、伊拉克巴格达、伊朗德黑兰、黎巴嫩贝鲁特的最主要战略通道。围绕这条走廊争夺的主角是叙利亚政府军、亲政府的叙民兵组织、伊朗支持的什叶派民兵、黎巴嫩真主党组成的

"什叶派大军"，同时加上俄军的空军支援。此前三年，这条走廊原本被"伊斯兰国"所阻断。2015年5月，"伊斯兰国"占领叙中部古城帕尔米拉后，政府军匆忙部署南北防线，以保护"大马士革—霍姆斯—阿勒颇"等叙人口稠密区。2015年9月俄军事介入后，叙政府在内战中重新站稳脚跟，对以帕尔米拉为中心的东部战区开始重新部署。2016年12月收复阿勒颇后，叙政府军及其盟友腾出手来，在叙东部战场加大攻势收复失地，特别是2017年5月初俄、伊朗、土耳其商定在叙建立"冲突降级区"后，叙政府军更多地将兵力转移至东部。7月，叙政府军开始从帕尔米拉兵分两路：一是沿主干线，即向东北打通至代尔祖尔的交通线，从"伊斯兰国"手中夺下苏赫纳，并最终击溃代尔祖尔的"伊斯兰国"残敌，与边境重镇阿卜卡迈勒联通；二是沿支干线，即一路向东穿越沙漠公路，攻占巴克塔尔镇附近的油井，与伊朗支持的伊拉克什叶派民兵"人民动员军"在边境"胜利会师"，这条线上的主要对手是美空军及其扶植的叙反对派民兵。从9月初至12月，"俄伊叙"联盟经过艰苦作战，最终将主干、支干两线全部打通，将代尔祖尔省东部与伊拉克的边境地带牢牢掌握在手中。

其二，美欲打通"逊尼派走廊"受挫。这条走廊位于叙、伊边界南段，其焦点是约旦、叙利亚、伊拉克三国交界的坦夫地区（Al Tanf）。美国及其当地代理人试图打通这条所谓"逊尼派走廊"，以纵穿土耳其、叙利亚东部、约旦和海湾地区。实际上，美国一直在叙利亚约旦边境地带培训叙反对派武装。从2016年3月起，美军特种部队和叙反政府武装从约旦一侧的边界进入叙境内，从"伊斯兰国"手中夺下了坦夫地区；同年8月，伊拉克的逊尼派部落武装也从"伊斯兰国"手中攻占了伊、叙、约三国边境的瓦利德要塞，从而打通了自2014年以来被切断的巴格达至安曼交通线。2017年上半年，美有意怂恿当地的叙反政府武装从坦夫基地向两个方面进攻：一是向西与被围困在大马士革郊区东古塔的叙反政府武装遥相呼应；二是向北打通与代尔祖尔、阿卜卡迈勒的交通线。实际上，坦夫地区的这批叙反政府武装的核心成员是从叙政府军叛逃的上层军官，自称"东部狮子军团"（Jaish Usud al - Sharqiya）。三年前"伊斯兰国"突然崛起时将其从幼发拉底河河谷驱赶出来。2016年6月底，美军曾试图以坦夫为基地向河谷地区空投反政府武装，夺取阿卜卡迈勒，但最终以失败告终。之后，这批反政府武装转向以防守伊、叙、约边界通道为重点。所谓"逊尼派走廊"与上述"什叶派走廊"相交叉，双方争夺相当激烈。特朗普政府上台后，美对保护"逊尼派走廊"和坦夫地区的叙反政府武装更加重视，除2017年4月空袭叙政府军机场外，5月18日美军还直接空袭了向坦夫地区推进的叙亲政府民兵，6月中下旬美军更是在坦夫地区击落1架叙政府军战机和1架无人机。2017年7月特朗普与普京首次会面后，美俄商定在叙南部划定"冲突降级区"，坦夫地区的反政府武装与政府军的冲突暂时停息。2017年9月以后，由于"俄伊叙"对代尔祖尔加大攻势，美国打通"逊尼派走廊"的想法基本上已告失败。

其三，多方混战争夺"库尔德走廊"。这条走廊位于所谓"伊斯兰国"版图的北部，横亘"叙利亚哈塞克—伊拉克辛贾尔和塔尔阿法尔"一线。关于这条走廊的争夺最为错综复杂，牵扯美、俄、叙库尔德武装、伊拉克库尔德武装、叙政府军、土耳其、"伊斯兰国"等多个方面。美国将以库尔德武装为主的叙"民主军"视为在叙北部打击"伊斯兰国"的主要地面力量，引发土耳其极度不安。2017 年 3 月，土耳其越境打击叙库尔德武装的"幼发拉底河之盾"行动刚刚结束，又在叙边境厉兵秣马，虎视眈眈。2017 年 6 月 28 日，土总统埃尔多安称："我向全世界宣布，我们永远不会允许在叙北部建立一个'库尔德国'，无论我们将付出何种代价。"此情况令美左右为难。2017 年，美在该地区驻有约 2000 人的部队，既为叙库尔德武装提供反恐战争指导，也将土耳其支持的叙自由军和库尔德人隔离开来。2017 年 10 月"美—库尔德"联盟打下拉卡后，各方围绕北部"库尔德走廊"的争夺趋于复杂。一方面，土耳其对库尔德控制区面积激增忍无可忍，最终于 2018 年 1 月出兵阿夫林，并扬言要打到曼比季，彻底瓦解"库尔德走廊"。另一方面，叙政府并不甘心将北部大片领土拱手让人，政府军在黎巴嫩真主党武装人员支持下在拉卡省控制了大约 1200 平方公里地盘，也不断向库尔德武装施压，希望迫使其退回到传统哈塞克省东北部库尔德聚集区。美国为了保护库尔德武装，与土、叙两方的矛盾同步上升。

四　两场和谈分庭抗礼，政治解决前路漫漫

2017 年，围绕叙问题的国际多边外交舞台热络异常，全年在促和促谈上大事不断，成为自 2011 年爆发叙危机以来涉叙多边国际会议数量最多的一年。俄罗斯主导的"阿斯塔纳进程"表现抢眼，在开会频率、参会人数、对外影响、成果数量上已"胜过"

联合国日内瓦进程。这标志着叙利亚危机的"主阵地"正从战场转移至谈判桌，也反映出俄对叙内外局势的影响力和操控力明显上升。从国际多边外交角度看，主要观察有三。

第一，"俄热美冷"趋势明显，但俄美对政治和解均留有"后手"。实际上，叙利亚危机由"以打为主"走向"边打边谈"的转折点就是俄罗斯2015年介入叙战局。在俄推动下，2015年12月安理会一致通过第2254号决议，强调由叙人民自己来决定叙未来，支持在六个月内开展政治和解，十八个月内重新大选。这是此后联合国主导的日内瓦会谈的政治基础。2016年1月、4月、12月，联合国叙问题特使德米斯图拉撮合叙各派进行了三轮和谈，但都无果而终。进入2017年，俄果断抛开美欧等西方国家，将涉叙观点对立的土耳其延揽至自己一方，同时又与伊朗合作，推动叙政府与反对派在哈萨克斯坦首都阿斯塔纳召开对话会。在过去一年中，俄先易后难、步步为营，主导阿斯塔纳和谈进行了八轮之多，而且在2018年1月底又在索契举行了"叙利亚全国对话大会"。从和谈一览表可以明显看出（见表1），"阿斯塔纳进程"与日内瓦和谈在时间安排上相互穿插，取得的结果却对比鲜明。"阿斯塔纳进程"最终将"冲突降级区"的机制基本确定下来，大体实现了停火；而日内瓦和谈则基本上毫无建树，多次被迫改期、推迟或提前闭幕。在俄看来，外交是军事的延伸，大力推动和谈既可以固化战场上取得的优势，也可以为日后长远经营中东打下合法性基础。当然俄对叙政策的考量受制于其整体中东战略，更服务于其全球外交战略，因此俄在促和促谈上的态度并非无条件和恒定的，具有较大的不确定性。而对美而言，除了反恐、遏制伊朗以外，叙利亚政治和解问题早已成为其战略上的"鸡肋"，特朗普的漠视、蒂勒森的讲话都体现出美对现阶段参与叙政治和解进程的冷淡态度。战略上保持模糊性、战术上保持灵活度可能将成为美国对叙政治和解进程采取的主要策略。

第二，叙冲突各方妥协意愿不足，突破核心矛盾的可能性下降。对叙利亚危机的直接相关方而言，彼此对政治解决的热情明显不足。巴沙尔政府手握战场上的绝对主动权，又有俄罗斯、伊朗的外部强力支持，没有必要向反对派妥协，更不会主动让出权柄，将反对派武装驱赶至"冲突降级区"已经是很大妥协。而且，叙政府军始终对反对派武装在大马士革东郊东古塔的控制区心存芥蒂，希望拔除这个"钉子"，因此总想在解决该问题后再谈判。而反对派方面情况更为复杂，目前叙主要政治反对派有境外的反对派"最高谈判委员会"（HNC）、莫斯科反对派、开罗反对派和境内的"全国民主变革力量民族协调机构"等。其中，沙特支持的"最高谈判委员会"是政治解决叙利亚危机的核心成员，该机构始终坚持"巴沙尔必须下台"的强硬立场，必须在没有巴沙尔的前提下开始政治过渡。尤其引起争议的是，该委员会中包括"沙姆自由人"和"伊斯兰军"两个武装组织的代表，这两个组织秉持萨拉菲主义思想，被外界认为与极端组织接近。此外，反对派内部对未来的叙利亚政治架构也存在巨大分歧，2017年3月底，"最高谈判委员会"中的库尔德、亚述族代表宣布退出，以抗议该机构反对联邦主义，无视少数民族利益。在最近一轮的2017年12月日内瓦谈判中，双方的冲突表现尤其激烈明显。本来会谈被联合国及国际社会寄予厚望，被视为实现和平"最后的机会"，但在和谈前夕，"最高谈判委员会"突然声明"巴沙尔下台才能重启政治过渡进程"，导致叙政府代表团拒绝参会，最终叙政府同意在"不与反对派面对面直接会谈"的前提下重返会场。最后，会谈未能就任何实质性问题进行谈判，并提前草草收场。

第三，地区国家加大军事插手力度，为政治和解增添障碍。随着"伊斯兰国"覆灭，在叙利亚的土地上美俄矛盾、美土矛盾、美伊（朗）矛盾、俄土矛盾、土伊（朗）矛盾、以色列与伊朗矛盾、土耳其与库尔德矛盾都在同步升级。在地区国家中尤以土耳其、以色列表现突出。土耳其一直是叙利亚反对派的最大支持力量之一，坚决要推翻巴沙尔政权，但随着库尔德人力量的坐大，其对叙重点逐渐转移至打压叙库尔德力量上。为此，土还与俄、伊朗一道推动叙"冲突降级"。当然，土耳其并没有放弃反对巴沙尔的政治目标。2017年12月27日，土耳其总统埃尔多安公开指责巴沙尔·阿萨德是"恐怖分子"，有他在台上"叙利亚的和平进程就不可能实现"。目前，土在叙的军事存在有长期化、常态化的趋势。以色列对叙各派的争斗和谈毫无兴趣，但对随着俄罗斯强势介入、叙政府稳住阵脚而来的伊朗和黎巴嫩真主党在叙力量不断加强耿耿于怀。以色列既不能容忍其宿敌伊朗在家门口"安营扎寨"，也不能容忍叙成为伊朗向黎巴嫩真主党运送武器的"安全走廊"。因此，2017年以色列屡屡找机会空袭叙境内的叙政府、伊朗和黎巴嫩真主党目标。2018年2月10日，一家以色列F－16战机在空袭叙境内目标时被击落，成为36年来首个被击落的以军战机。以色列《耶路撒冷邮报》认为，这一事件掀开了叙利亚灾难性战争的

"新的一章"，而以色列将扮演"中心角色"①。实际上，叙利亚危机已成为中东乃至世界矛盾的一个缩影，杂糅了相关各方政治势力、经济利益、民族宗教、意识形态、地缘政治等多重因素，实现真正的政治和解需要更多主客观因素形成合力，现阶段达到这一条件的难度仍然较大。

表1　2017年以来叙利亚问题国际和谈情况一览

会谈名称	时间	内容及成果
第一轮阿斯塔纳会谈	2017年1月23日至24日	俄土伊建立停火监督机制,落实安理会第2254号决议
第二轮阿斯塔纳会谈	2017年2月16日	无具体成果
第四轮日内瓦和谈	2017年2月23日至3月3日	无具体成果
第三轮阿斯塔纳会谈	2017年3月14日至15日	伊朗同意与俄、土一道成为叙"停火担保国"
第五轮日内瓦和谈	2017年3月24日至31日	无具体成果
第四轮阿斯塔纳会谈	2017年5月4日	俄土伊同意在叙利亚建立四个"冲突降级区",要求冲突各方停止所有武装冲突
第六轮日内瓦和谈	2017年5月16日至19日	无具体成果
第五轮阿斯塔纳会谈	2017年7月5日至7日	各方就"冲突降级区"细节未达成共识
第七轮日内瓦和谈	2017年7月10日至14日	无具体突破,但反对派对政治过渡立场有所转变
第六轮阿斯塔纳会谈	2017年9月14日	俄土伊就落实在伊德利卜省的第四个"冲突降级区"达成共识

---

① "Israel to be Key Player in the Next Chapter of Syria's War", *The Jerusalem Post*, February 11, 2018. http：//www. jpost. com/Arab – Israeli – Conflict/Israel – to – be – key – player – in – the – next – chapter – of – Syrias – war – 542326（上网时间：2018年2月13日）。

续表

会谈名称	时间	内容及成果
第七轮阿斯塔纳会谈	2017 年 10 月 30 日至 31 日	重申"冲突降级"精神，达成换俘问题协议
第八轮日内瓦和谈	2017 年 11 月 28 日至 12 月 14 日	提前结束，无具体成果
第八轮阿斯塔纳会谈	2017 年 12 月 21 日至 22 日	俄土伊发表联合声明，支持 2018 年 1 月底在俄索契举行"叙利亚全国对话大会"
叙利亚全国对话大会（"索契大会"）	2018 年 1 月 30 日	俄土伊三方推荐代表，决定成立"宪法委员会"

资料来源：笔者自制。

第三章

伊拉克：蹒跚步入后
"伊斯兰国"时代

2017 年伊拉克喜忧交集。喜的是反恐战争取得历史性胜利，7月从"伊斯兰国"手中夺回摩苏尔，12 月宣布收复所有国土；国际油价回升，石油出口收入增加，天然气开发也有提速之势；与沙特、土耳其等邻国关系改善。忧则表现在库尔德自治区 9 月 25 日实行"独立公投"；什叶派民兵借反恐之机壮大，可能成为伊拉克版的黎巴嫩真主党乃至伊朗革命卫队；美国、伊朗关系恶化，伊拉克可能遭受池鱼之殃等。2018 年，伊拉克即将迎来四年一度的议会大选，形势发展面临较大不确定性。

一

安全上，伊拉克打击"伊斯兰国"取得胜利，但什叶派民兵坐大和南部治安状况严峻成为新的隐患。2014 年，"伊斯兰国"在伊拉克迅速崛起，1 月，占领安巴尔省重镇费卢杰，6 月，占领第二大城市摩苏尔并宣布建立"哈里发国"，同时挥军沿幼发拉底和底格里斯两河南下，一度占领伊拉克逾 1/3 的领土，击溃伊拉克政府军大部。之后，在什叶派民兵的兵力补充和国际反恐联盟的空袭支援下，伊拉克政府军逐步展开反攻，2015 年 4 月，夺回提克里特，12 月，收复拉马迪，2016 年 7 月，攻克费卢杰，10 月，打响摩苏尔解放战，力争攻克"伊斯兰国"的最终堡垒。直到 2017 年底，伊拉克才宣告取得针对"伊斯兰国"的全面胜利，耗时三年多的反恐战争暂告一个段落。

首先，政府军经过苦战收复摩苏尔，收复所有曾被"伊斯兰国"占领的国土。摩苏尔战前人口逾 200 万，是"伊斯兰国"下辖的最大城市和其在伊拉克的大本营。它坐落在伊拉克北部，靠近叙利亚和土耳其边界，人口相对密集，因此对政府军而言，解放摩苏尔是一场恶战。2016 年 10 月，伊拉克调集约 10 万人的政府军、库尔德民兵和什叶派民兵，开始对摩苏尔发动"总攻"，直至 2017 年 1 月才收复位于底格里斯河以东的新城，此后推进极为艰难。2 月，政府军开始进攻河西的老城，6 月，发动对老城核心地带的最终清剿，直至 7 月，才宣告战事结束。摩苏尔城已基本成为一片废墟，作为攻城主力的政府军精锐反恐部队伤亡近半。战事如此惨烈，是攻守两方因素叠加互动的结果。在防守端，"伊斯兰国"盘踞摩苏尔数年之久，留守当地的 5000～6000 名武装人员有足够的时间构筑防御工事。而且，作为大城市的摩苏尔老城人口密集，伊拉克政府军和国际反恐联盟投鼠忌器，无法靠空袭歼敌，只能在地面打城市巷战，逐个街区、逐条街巷地推进，耗时长、伤亡大。从攻方看，伊拉克军队特别是幕后策动的美方改变战法。2017 年 3 月，美国国防部部长马蒂斯宣称，将对"伊斯兰国"的政策从"消耗"（attrition）改为"灭绝"（annihilation），即确保其外籍武装人员被就地消灭，无法在逃散后再流毒各方。① 伊拉克政府军一改此前围城必阙的做法，先耐心在周围形成完整的包围圈，再逐步挤压推进，最大限度消灭"伊斯兰国"武装人员。法国更向摩苏尔派出反恐部队，希望将法籍恐怖分子就地消灭，避免其回窜本国。② 在逃跑无望的情况下，城内的"伊斯兰国"武装分子负隅顽抗，使战事更加延宕与惨烈，参与战事的美军将领称在摩苏尔发生了二战以来最激烈的城市攻防战。在收复摩苏尔后，伊拉克政府军乘胜追击，基本再未遇到激烈抵抗，至2017年底宣布解放全境。"伊斯兰国"在伊拉克已不能占据稳定地盘，其活动只是零星地存在。

其次，城市安全形势好转。2014～2016年，每当反恐战争前线激战正酣时，巴格达等后方城市的暴恐袭击就会增多，集市、清真寺和检查站等人流密集场所频遭汽车炸弹和自杀性人体炸弹袭击。2017以来，"伊斯兰国"武装力量兵源吃紧，在城市发动暴恐袭击的能力也相应降低。这可从伊拉克的平民死伤数量下降而得到印证。尽管2017年反恐前线战事激烈，但根据联合国驻伊拉克特派团的统计，2017年伊拉克因暴力死亡的平民为3298人，受伤4781人，比起2016年的死6878人，伤12388人降幅明显（见图1），是继2008年以来平民死伤人数最少的一年。

然而在胜利背后，伊拉克安全形势仍面临多重隐忧。一是什叶派民兵因反恐坐大，有的已成为准军阀。什叶派民兵最初是因

① Martin Pengelly, "Defense secretary Mattis says US policy against Isis is now 'annihilation'", May 28 2017. https：//www. theguardian. com/us – news/2017/may/28/james – mattis – defense – secretary – us – isis – annihilation.
② Tamer El – Ghobashy, Maria Abi – Habib, Benoit Faucon, "France Directs Kills of French Militants", *The Wall Street Journal*, May 31, 2017.

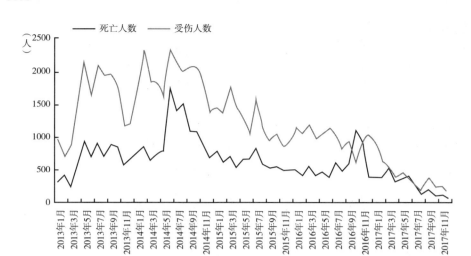

图 1　2013～2017 年伊拉克每月因暴力事件死伤的平民人数

资料来源：联合国驻伊拉克特派团。

2003 年后反抗驻伊美军而出现的，后来在中央政府强势打压下趋于偃旗息鼓。2014 年之后，什叶派民兵借反击"伊斯兰国"和保护平民再度崛起，据说兵力达 6 万～10 万，势力从中南部什叶派聚居区扩展至全国。这些民兵名义上是隶属政府统一指挥的"人民动员组织"，由政府发放薪水、提供武器，但实际上相对独立，往往自行其是。2016 年 12 月，伊拉克曾通过议会立法，提出要将"人民动员组织"整编为正式部队，但相关法律并未得到落实。有的民兵组织私设公堂和检查站，滋扰逊尼派平民，既激化教派矛盾，又直接损害政府威信。二是南部地区部落冲突频现，社会治安恶化。南部的巴士拉、米桑等省是什叶派聚居区，教派民族成分单一，恐怖袭击相对较少，也未受"伊斯兰国"战火波及。2014 年后，大批驻守当地的军警北上参战，造成后方军警力量空虚，当地部落冲突和犯罪集团火并应声抬头，只是暂未冲击各油气产区的正常生产运营。三是"伊斯兰国"仍有卷土重来的潜力。2008 年，"伊斯兰国"的前身"基地"组织伊拉克分支在美军和伊拉克政府的打击下曾濒临崩溃，但后来借 2011 年后的叙利亚内战和伊拉克教派矛盾激化而复兴。美国布鲁金斯学会资深中东问题专家丹尼尔·拜曼警告说，"伊斯兰国"将重施故技，采取转入地下、挑拨教派矛盾、发动叛乱的方式卷土重来。[①]

二

政治上，库尔德人"独立公投"余波荡漾，什叶派和逊尼派的内斗均有加剧。在伊拉克人口中，什叶派穆斯林约占 60%，逊尼派占 18%，库尔德人则占 15%，其余为少数民族。[②] 2003 年前，统治伊拉克的萨达姆出身逊尼派，借强力压制什叶派与库尔德人，实施少数人对多数人的统治，造成了教派和民族间的历史积怨。2003 年后，美国在伊拉克推广"民主"，什叶派在一人一票选举制度下凭借人口优势翻身，主导了历届政府；库尔德人自治地位得到宪法承认；逊尼派则风光不再。伊拉克政坛整体形势发生逆转，什叶派、逊尼派和库尔德人的内部矛盾斗争成为国家政局中的焦点。2017 年，伊拉克政局同样围绕阿拉伯人与库尔德人的争斗以及什

---

① Daniel L. Byman，"What Happens When ISIS Goes Underground?"，*The National Interest*，January –
　February 2018.
② 《伊拉克国家概况》，外交部网站，http：//www.fmprc.gov.cn/web/gjhdq_ 676201/gj_
　676203/yz_ 676205/1206_ 677148/1206x0_ 677150/。

叶派、逊尼派的内斗两条主线展开。

首先，库尔德人"独立公投"弄巧成拙。在中东各国的库尔德人中，伊拉克库尔德人的"独立"意志最坚决，并取得了实际效果。20 世纪 90 年代海湾战争后，库尔德人在美国划定的"禁飞区"保护下实现了实质上的自治。2003 年伊拉克战争后，库尔德人在伊拉克北部杜胡克、埃尔比勒和苏莱曼尼亚三省正式建立库尔德自治区（库区），拥有独立的军队，在财政、外交、石油开发与出口等领域享有高度自主权。2014 年，库尔德人趁伊拉克中央政府遭"伊斯兰国"重创之机，打着抵抗"伊斯兰国"的旗号向南进军，占领了本由中央政府控制的基尔库克等地，顺势将其控制区扩大了 40%。同时，库区武装被美国和西方视为重要的反恐盟友，得到后者大力支持。2017 年 9 月 25 日，在伊拉克政府军收复摩苏尔和即将取得打击"伊斯兰国"全面胜利的背景下，伊拉克库区主席巴尔扎尼及其领导的库尔德民主党（库民党）不顾国际社会的普遍劝说和反对，强行举行"独立公投"，并以 72.6% 的投票率、92.7% 的同意率高票通过。本来，巴尔扎尼有意借公投巩固个人权力、转移库区内部矛盾，并借公投结果迫使中央政府让步，正式承认自治区石油出口自主、承认 2014 年后库区新占地盘等。但结果与巴尔扎尼预期相反，伊拉克中央政府在伊朗、土耳其等地区国家支持下，坚持强硬立场，不仅对库区采取停飞国际航班等制裁，而且于 10 月发动军事行动，重新夺回了基尔库克等 2014 年 6 月后被库区武装新占领的地区。负责守卫基尔库克的库区武装主要隶属库区第二大党库尔德爱国联盟（库爱盟），与库民党素有矛盾，与中央政府维持良好关系（伊拉克总统按惯例由库爱盟成员担任,系名义国家元首)。在伊拉克政府优势兵力和伊朗军事顾问的劝说下,库爱盟武装未做任何抵抗,不战而退。经此一役,库区损失了 2014 年后得到的所有领土,且两大政党间的矛盾也充分暴露,"独立"事业遭遇重大挫折。随后,巴尔扎尼宣布辞去库区主席职务,库区政府则宣布"冻结"公投结果,谋求与中央政府和解。当前,库区与中央政府关系略有缓和,但矛盾仍很尖锐,中央政府准备削减对库区的财政拨款,进一步惩罚和敲打"库独"势力。

其次,什叶派内斗空前激化。2003 年后,什叶派作为整体一直控制议会多数席位和占据掌握实权的总理一职,但什叶派内部始终山头林立、分歧严重。2017 年,伊拉克什叶派内部的斗争日趋激烈。一是龙头政党达瓦党正式分裂。达瓦党是伊拉克最大什叶派政党,在 2006 年后的三届政府中均控制了总理职位。然而 2006~2014 年任总理的马利基与 2014 年后任总理的阿巴迪两人政见不合,互相拆台。2015 年 8 月,阿巴迪曾尝试取消马利基副总统一职,但未果。2016 年后,副总统马利基推动议会罢免了多位阿巴迪政府的重要部长,甚至一度谋求弹劾阿巴迪本人。目前,阿巴迪决定在 2018 年大选中脱离达瓦党另组新党参选,[①] 达瓦党的分裂似乎不可避免。二是什叶派民兵崛起分化为数支政治力量。与什叶派整体一样,什叶派民兵也非铁板一块,至少有三个阵营,一派忠于伊拉克什叶派最高宗教权威西斯塔尼,一派忠于什叶派宗教人士萨德尔,一派则由"巴德尔军"首领阿米里领导,与伊朗革命卫队关系密切。其中萨德

---

① "Political Turmoil in Iraq's Dawa Party ahead of Next Year's Elections", November 20, 2017, https://aawsat.com/english/home/article/1089636/political - turmoil - iraq% E2% 80% 99s - dawa - party - ahead - next - years - elections? amp.

尔和阿米里都已重组或新立党团，准备参与 2018 年大选。从目前情况看，各民兵支持的政党有望赢得相当数量的议席，但什叶派民兵不太可能作为单一政党参选。三是教派内斗逐渐从中央向地方蔓延。2017 年 7 月，南部巴士拉省地方议会议长、法治国家联盟（以达瓦党为核心的什叶派党团）成员巴佐尼因涉嫌贪腐被解职和逮捕；8 月，长期与巴佐尼不和的巴士拉省省长纳斯拉维（属于什叶派政党伊斯兰最高委员会）也遭到贪腐调查，纳斯拉维火速辞职并逃往伊朗。①

最后，逊尼派内部分歧加大、处境尴尬。2003 年伊拉克战争后，萨达姆政权的精英被禁止参政，阿拉伯复兴社会党和共和国卫队被解散，逊尼派在国家政治舞台上趋于边缘化。2014 年"伊斯兰国"崛起，其肆虐的地区几乎囊括了逊尼派主要的聚居区，很多逊尼派议员的选区被"伊斯兰国"长期占领。2017 年，在伊拉克政府军围剿"伊斯兰国"背景下，逊尼派的内部分歧日益加重，围绕是否应与什叶派合作出现两大阵营：一派以议长朱布里为首，与总理阿巴迪关系良好；另一派由前议长、现任副总统努杰菲领导，希望为逊尼派聚居区争取更多的自治权。② 实际上由于"伊斯兰国"肆虐，大量逊尼派平民在战乱中逃离家园，这会影响 2018 年 5 月即将举行的议会大选，逊尼派的整体选情很不被看好。总体上来看，目前的伊拉克政局呈现一种奇特的状态：在三方内斗都在激化的同时，什叶派一家独大、逊尼派整体塌陷、库尔德人若即若离。

---

① "Tribal Clashes, Political Void Threaten Oil Installations in Iraq's South", Reuters, September 11, 2017, https://www.reuters.com/article/us-mideast-crisis-iraq-oil-basra/tribal-clashes-political-void-threaten-oil-installations-in-iraqs-south-idUSKCN1BM1BJ.

② "Alliances Announced For Iraq's 2018 Elections", Musings on Iraq, January 12, 2018, http://musingsoniraq.blogspot.com/2018/01/alliances-announced-for-iraqs-2018.html.

三

经济上，油气产业喜忧参半，但战后重建困难重重。伊拉克经济发展的最大底气来自其丰富的油气资源，其已探明的原油储量达1430亿桶，高居全球第五位，且开发和运输成本低（油田离海港较近）。但该国经济对原油的依赖几乎为全球最高，石油产业占GDP总量的58%，原油出口收入在其出口收入中占比99%，对中央政府的财政收入贡献超过90%。2014年以后，反恐战争引发军费大涨，油价下跌又使财政收入锐减，导致伊拉克陷入经济危机。2017年，尽管油价回升，但受欧佩克集体限产制约，伊拉克无法迅速提高原油产量，战后重建也面临其他现实困难。

一方面，伊拉克经济继续靠油吃饭，增长前景受制于欧佩克限产。2014年后，无论是"伊斯兰国"战乱还是中央与库区政府冲突，伊拉克位于南部的主力油田的生产基本未受影响，实现了产量连年增长。2014年、2015年、2016年，国家的原油产量分别为每日310万桶、370万桶和460万桶，虽然石油增产，但GDP增长率则随油价剧烈波动，三年的增长率分别为0.7%、4.8%和11%。进入2017年，伊拉克受制于欧佩克限产，理论上产量不得超过每日435万桶，加之油价升幅有限，经济增长势头明显放缓，可能会出现轻微负增长。据伊拉克石油部部长卢埃比透露，伊石油产能在2017年底已达每日500万桶，却因限产无法将其转化为产量，且由于美国页岩油增产，后市油价已难重回高位。在增产和油价均遇瓶颈的情况下，预计伊拉克2018～2022

年的 GDP 增速大体将为 2% ~ 3%（见图 2），经济表现将继续依赖外部环境。

另一方面，在天然气开发方面伊拉克取得明显进展。伊拉克天然气储量高达 112 万亿立方英尺（3.17 万亿立方米），居全球第 12 位，也主要集中在南部地区。以往，由于约 3/4 的天然气为伴生气，开采储运难度大，伊拉克生产的天然气有一半左右均被放燃，不仅因此每年损失 25 亿美元的收入，还需要进口天然气用于发电。近年来，伊拉克积极引入外资和技术，逐步减少放燃，天然气产量不断提高。从 2016 年起，伊拉克开始通过船运出口液化天然气和天然气凝析油，至 2017 年第三季度出口量分别为 1.25 亿吨和 2.55 亿立方米。① 2017 年 4 月，伊拉克石油部部长提出 2018 年将在 2016 年基础上，将天然气产量增长 3 倍，随后又提出 2021 年实现零放燃的目标。② 这样伊拉克不仅可以节省进口天然气的开支，还能将部分天然气用于出口创汇，为经济发展贡献新的增长点。

另外，国家战后重建面临多重挑战。伊拉克的基础设施本就落后，在 2014 ~ 2017 年战乱中又遭到进一步损毁，各地公路特别是桥梁损毁严重。在北部、西部省区，摩苏尔、费卢杰、拉马迪等城镇几乎已成废墟，全国有 260 万流离失所者尚待安置。目前，战后重建困难重重。

---

① Iraq exported 125.5 mln metric tons of LNG in Q3 of 2017, October 12, 2017, https：//www. iraqinews. com/business – iraqi – dinar/iraq – exported – 125 – 5 – mln – metric – tons – lng – q3 – 2017/.

② "Iraq to reach 'zero gas flaring' by 2021, says oil minister", The National, January 13, 2018, http：//www. thenational. ae/business/energy/iraq – to – reach – zero – gas – flaring – by – 2021 – says – oil – minister – 1. 695074.

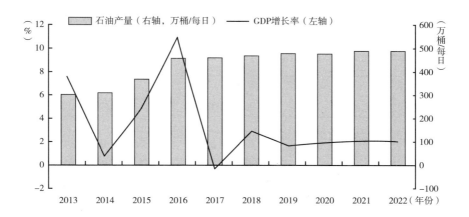

图 2　2013～2022 年伊拉克 GDP 增长率与石油产量

资料来源：国际货币基金组织 2017 年 8 月报告。2017 年值为估计，2018 年及之后为预测。

一是资金缺口较大，只能大笔举债。据总理阿巴迪估计，伊拉克战后重建将耗资 450 亿～1000 亿美元，远超政府财政能力。政府除了在国内发行国债、向世界银行和国际货币基金组织申请优惠贷款外，也于 2017 年 1 月和 7 月两次在国际公开市场发债，总额 20 亿美元。由于伊拉克主权信用评级较低，基本为"投机级"或"垃圾级"（见表 1），政府发债利率较高，像其 2023 年到期的 10 亿美元债券年利率高达 6.75%①。截至 2017 年底，政府债务总额预计将达到 1229 亿美元，占 GDP 的 63.8%，比 2014 年的 752 亿美元和占 GDP 的 31.2% 均有大幅上升。

---

① http：//www. bloomberg. com/news/articles/2017 - 08 - 02/iraq - seeks - to - follow - battlefield - success - with - dollar - bond - sale + &cd = 2&hl = en&ct = clnk。

表1　三大国际评级机构对伊拉克的主权信用评级（截至 2018 年 1 月）

	标普	穆迪	惠誉
评级	B –	Caa1	B –
展望（变化）	稳定（维持不变）	稳定（维持不变）	稳定（维持不变）
最新评级时间	2017 年 8 月 25 日	2017 年 8 月 3 日	2017 年 12 月
评级说明	发债人目前仍有能力偿还债务，但恶劣的商业、金融或经济情况可能削弱发债人偿还债务的能力和意愿；仅比可能出现债务违约高一个级别	债务为投机性债务，信用风险高；对风险十分敏感；为穆迪评价的国家之中政治风险最高的之一	投机性较高，违约风险存在，但仍有一定安全边际；偿还债务的能力依赖于良好的商业和经济环境

资料来源：三大国际评级机构网站，更新至 2018 年 1 月。

二是经改遭遇两难。为向世界银行和国际货币基金组织等机构寻求贷款，伊拉克需要按上述组织的要求，实行新自由主义经济改革，减少财政赤字和政府对经济的直接干预。因此，伊拉克拟削减对水电燃油的价格补贴，压缩公共部门雇员的数量和工资等。然而，伊拉克人口贫困率高达 23%，大量穷人依赖补贴才能买得起生活必需品，且 1/3 以上的就业人口在公共部门工作，由政府发放薪水和养老金者高达 700 万人（2003 年前为 100 万人），减补贴、降薪水的改革举措因此广受批评，甚至引发抗议示威。然而，如果改革执行不力，又会影响伊拉克从国际经济机构获得急需的资金。2016 年 7 月，国际货币基金组织批准向伊拉克提供 53.4 亿美元优惠贷款，但需要每半年评估一次，在伊拉克政府达标后才会分批得到拨款。截至 2017 年 8 月，伊拉克政府得到了两批贷款，总额共 21.1 亿美元。外国投资对伊拉克经济前景的信心很大程度系于其能继续获得这些贷款。伊拉克政府陷入了中东国家常见的窘境：要改革，老百姓不答应；不改革，债主不答应。

尽管面临诸多困难，但鉴于油气资源家底丰厚、国际组织持续输血，外界对伊拉克的经济前景仍有一定信心。世界银行、国际货币基金组织等均认为伊拉克债务仍在可控范围。有意思的是，2017年7月伊拉克在国际市场上发债获得抢购，认购额度接近发行额的7倍，一些国际油气巨头公司也在伊积极扩展业务，这从侧面反映了国际社会看重其经济发展潜力。

四

外交上，在美国与伊朗间寻求平衡，与邻国关系有所改善。伊拉克一度与埃及、叙利亚并称阿拉伯世界三大旗手，但20世纪80年代后因连年战乱、国力衰退，现早已不再是中东外交的主要玩家，甚至只能坐视各方势力插手本国内政。而且伊拉克地处什叶派—逊尼派、阿拉伯人—波斯人、阿拉伯—库尔德人的"断层线"上，夹在中东两大战略宿敌沙特与伊朗之间。2017年美国总统特朗普上任后，美国与伊朗的关系日益紧张，而伊拉克同时视美国和伊朗为重要伙伴，只能力求在两国间保持平衡。与此同时，伊拉克努力改善与逊尼派邻国关系，借以争取外援并压缩库尔德人的国际空间。

首先，在美国与伊朗间保持大体平衡。美国和伊朗两国均有能力左右伊拉克局势，甚至可以影响伊拉克总理的人选。政治上，美国一手规划了2003年后的伊拉克秩序，而伊朗则通过共同的什叶派教派联系扎根基层，强化影响力；军事上，美国在空袭"伊斯兰国"、武装和指导伊拉克政府军上发挥了关键作用，而伊朗支持的什叶派民兵武装则是地面战场的反恐主力之一，伊朗革命卫队将军苏莱曼尼曾为伊拉克政府军与"伊斯兰国"作战出谋划策；经济上，伊拉克高度依赖美国提供重建资金，但也须从伊朗进口电力、粮食和天然气。对伊拉克而言，美国和伊朗谁都得罪不起，只能同时结好以保持平衡。如2017年3月，阿巴迪访美，特意感谢特朗普将伊拉克从穆斯林入境禁令中移除，并称赞特上任后美国加大了反恐力度。尽管在公开表态中，阿巴迪并不欢迎美国在伊拉克驻军，但实际上默许美国增兵。根据美国国防部公布的数字，至2017年第三季度，美国在伊有9122名军事人员，比此前公布的5000~6000人大为提升。[1] 同时，2017年6月、10月，阿巴迪两次访问伊朗，强调两伊合作，且阿巴迪同意什叶派民兵参与摩苏尔之战和干预与库尔德人的冲突，使伊朗支持的什叶派势力深入伊拉克西北与叙利亚交界处，事实上"打通了"经伊拉克、叙利亚、黎巴嫩至地中海的所谓"什叶派走廊"。当然，伊拉克在美国与伊朗的交恶中力求中立，避免成为美国和伊朗冲突的战场和舞台。2017年10月，阿巴迪在接受采访时喊话美伊："不要把麻烦带到伊拉克，请在其他地方解决（美国和伊朗间的）问题。"[2]

其次，成功改善了与海湾国家的关系。自1990年入侵科威特

① Jack Detsch, "Pentagon Reports Troop Surge in Middle East", November 21, 2017, https://www.al-monitor.com/pulse/originals/2017/11/pentagon-troop-surge-syria-middle-east.html.
② Tamer El-Ghobashy, "Abadi: Iraq is Not the Place For U. S. and Iran to Fight out Their Rivalry", October 25, 2017, https://www.washingtonpost.com/world/middle_east/abadi-iraq-is-not-the-place-for-us-and-iran-to-fight-out-their-rivalry/2017/10/25/72ff9252-b8ca-11e7-9b93-b97043e57a22_story.html? utm_term=.d18b5edffe66.

后，伊拉克与海湾国家的关系长期紧张，这一局面在 2017 年有了实质性转变。最大的突破来自沙特与伊拉克改善关系。沙特为响应美国支持伊拉克重建的号召，同时防止伊拉克更加倒向伊朗，决定改善与伊拉克的关系，而伊拉克以"回归阿拉伯大家庭"为口号，同样积极与沙特走近。2017 年 2 月，沙特外交大臣朱拜尔访问伊拉克，系 1990 年以来沙高官首访伊拉克。2017 年 6 月，阿巴迪总理访问沙特；8 月，两国重开边境口岸，恢复巴格达与利雅得之间的直航；10 月，阿巴迪再次访问沙特，与沙国王萨勒曼共同见证伊拉克—沙特协调委员会的成立，该委员会将成为扩大两国经贸合作的平台。伊拉克与科威特关系也明显回暖。两国在 2017 年 11 月宣布拟修建从伊拉克通往科威特的天然气管道，由伊拉克向科威特供应天然气，抵扣 1990 年入侵科威特的赔款，缓解了两国关系中的一个症结。2018 年 2 月，科威特还将主办"伊拉克重建国际大会"，为伊拉克争取更多外援。在 2017 年 6 月海湾国家间爆发卡塔尔外交危机时，总理阿巴迪特意推迟了访问沙特的时间，以免被视为选边站队。

最后，有效压缩了库尔德人的国际空间。2017 年 9 月伊拉克库尔德人的"独立公投"遭到伊朗、沙特、土耳其等地区大国的反对，也未获美国等西方国家支持。这固然是因为各方担心"库独"成为中东"第二个巴以问题"，引发更多动荡和混乱，当然也有伊拉克政府的外交努力。原本，伊拉克库尔德人长期在国际上广结善缘，为美国反恐出人出力，吸引俄罗斯石油公司投资，通过土耳其出口石油（库区唯一石油出口管道即经过土耳其），以过境费等向土输送利益。但库区领导人巴尔扎尼不顾多方反对强推独立公投，被伊拉克政府抓住机会。一方面，伊拉克积极争取土耳其支持，不仅默认土军队越境进入伊拉克，还与土讨论修建绕开库区的油气管道。另一方面，2017年10月，阿巴迪选在与美国国务卿和沙特国王三方会面前一周突然发兵基尔库克，结果有关各方对此均无大的反应，军事行动进展非常顺利。此外，伊拉克也向俄罗斯保证，会保护俄在库区的油气利益。整体上看，伊拉克2017年的外交成果斐然，但其后续风险仍不容忽视，如果美国与伊朗、伊朗与沙特的矛盾激化、冲突升级，伊拉克的外交处境也将随之恶化。此外，库尔德问题和伊拉克教派及民族矛盾的长期存在，也为外部势力长期干预伊拉克开了方便之门。

总而言之，2017年对伊拉克是颇为不平静的一年，库尔德人的"独立公投"和中央政府进军基尔库克，冲淡了反恐战争的胜利气氛，后续的安全与政治挑战仍然严峻；在经济重建资金缺乏的背景下，该国对油气产业的依赖只会更强；外交尽管成果不俗，但在夹缝中求平衡的处境仍然脆弱。2018年，伊拉克将迎来后"伊斯兰国"时代的第一次大选，政坛力量的新一轮分化组合也将随之到来。

第四章

沙特阿拉伯：政经改革及其前景

2017 年对沙特阿拉伯而言是大变革的一年。自 6 月萨勒曼国王废侄立子、萨勒曼父子分别担任国王和王储以来，王位继承顺序发生重大改变，沙特迎来"萨勒曼王朝"，结束了其建国以来始终贯彻的兄终弟及王位继承制。在新王储穆罕默德·本·萨勒曼的领导下，沙特大力推行"2030 愿景"规划，经济社会改革步入新阶段，沙特进入由"保守与单一"转向"温和与多样化"的新时期。[①] 11 月，所谓反腐风暴又将沙特推向国际舆论的风口浪尖。但总体来看，沙特这场改革浪潮充满着太多不确定因素，本文拟以沙特王位继承问题为切入点，从政治、经济、社会领域三个方面着手，对近两年沙特政经改革及其前景进行分析。

一　政治改革

摩洛哥学者贾比里曾指出："沙特家族统治得以延续的三大因素是部落、战利品和信仰。其中部落是沙特政治制度的核心，战利

---

① Paul Sullivan, "A New Era for Saudi Arabia", *About Energy*, May 17, 2017.

品分配是沙特王室统治的政治经济学特征，信仰则为家族提供了合法性。"① 这突出说明了沙特王朝的规则包括统治家族与部落间利益分享，王室向民众分配石油财富，以及沙特家族与谢赫家族结成的政教同盟。如今，本·萨勒曼正企图改写原有的王朝规则，毫无疑问，这将给沙特带来空前的冲击。

首先，沙特迎来"萨勒曼王朝"，王位继承从第二代王子向第三代王子过渡。从本质上看，沙特并不具备严格意义上的现代国家所应具备的基本特征。从社会层面看，其具有显著的前现代特征，沙特家族的统治长期延续部族政权的传统形式，即便是在第一沙特王国鼎盛时期（18世纪中后期），战利品的掠夺和分享也是构成联结沙特家族政权与众多部族群体的纽带。② 第一沙特王国时期，王室内部通过联姻、经济利益输送等方式建立部落联盟，通过维持各派力量的均衡来保证王位得以顺利平稳地继承。但在第二沙特王国时期（19世纪），各派支系为争夺王位频频发生相互暗算的事件。1932年现代沙特王国建国以来，按照游牧部落传统，王位一直在开国君主伊本·沙特的儿子（第二代王子）中按照兄终弟及的方式传承。在前任国王阿卜杜拉执政后期（2013年），沙特设立副王储一职，第二代王子中年龄最小的穆克林亲王（1945年出生）被任命为副王储。表面上看，此举目的是终结兄终弟及的传承制度，是将权力转移到第三代王子手中的过渡，但其实质则是阿卜杜拉国王为排挤苏德里系垄断王权继承而采取的举措（"苏德

---

① Mohammed Jaber al–Ansari, Takween al–arab al–siyassiwamagza al–dawlah al–qatariyya: madhalilaiadatfahmi, al–waqia al–arabi, Beirut: Centre for Arab Unity Studies, 1995, p. 129.

② 吴彦：《沙特阿拉伯家族政治的演变特征》，《西亚非洲》2017年第2期，第51页。

里七雄"① 是第二代王子中一个地位非常显赫的集团，七位兄弟同出于一位母亲，其老大即为阿卜杜拉国王之前的国王法赫德，老二和老四均死于王储任上，老六就是时任王储的萨勒曼，萨之后还有老七艾赫迈德亲王）。然而，2015 年 1 月阿卜杜拉国王去世、萨勒曼继位后，废黜了穆克林亲王的王储职位，任命第三代王子穆罕默德·本·纳伊夫亲王（为"苏德里七雄"中老四的儿子）为王储，同时任命自己的小儿子穆罕默德·本·萨勒曼为副王储，首破沙特开国君主伊本·沙特去世后王位兄终弟及的传统继承模式，第三代王子开始进入传承序列。

　　然而，本·纳伊夫的政治前景并不如被立储时人们所认为的那样一帆风顺。并非其能力不足以肩负此重任（其本人兼任着位高权重的内政大臣），而是因为他仅仅是萨勒曼国王的侄子，位列其后的副王储却是萨勒曼国王之子。现在看来，为顺利传位于子，萨勒曼采取了两步走的渐进模式。两年多之后的 2017 年 6 月，沙特国王萨勒曼宣布废除王储本·纳伊夫，另立本·萨勒曼为新王储，这将是自现代沙特王国建立者伊本·沙特之后又一次"子承父业"的继承，沙特王朝不仅将改朝换代，还将改名换姓，迎来"萨勒曼王朝"。

　　其次，萨勒曼父子收拢权力，"锐意改革"。在萨勒曼国王继位前，他的小儿子本·萨勒曼主要从事商业活动，很少参与政治

---

① "苏德里七雄"是沙特阿拉伯开国国王伊本·沙特最宠爱的妻子之一西萨·苏德里生的七个儿子的统称。苏德里系：包括 1982~2005 年在位的法赫德国王、已故的苏尔坦王储和纳伊夫王储以及现在的萨勒曼国王等。他们的母亲来自内志望族苏德里家族，他们以"苏德里七雄"著称，被认为是沙特王室内最强大的派系。

事务。其政治生涯始于 2009 年，当时其父任利雅得省省长，而他出任省长顾问，2013 年被任命为萨勒曼王储办公厅主任，次年晋升为内阁大臣。其父继位国王后，萨勒曼被任命为国王办公厅主任兼国防大臣，两个月后即被擢升为副王储，两年多后更是出任王储。萨勒曼国王赋予自己小儿子以重任，两年多来小萨勒曼代替身体羸弱的父王治国，已成为沙特王国的实际领导人。短短两年多间，这位年轻的领导人颠覆了沙特存续了数十年之久的内政外交政策，在油价低迷、领导层更替和国家地缘政治环境恶化的背景下，推出了一个个震惊沙特国内外的举措，其中以迅速聚拢权力最为突出。

2017 年 11 月 4 日晚，萨勒曼国王突然宣布成立以穆罕默德·本·萨勒曼王储为主席的最高反腐委员会，声称将严厉打击包括王室成员、政府高官在内的一切贪腐分子。在此之前，包括 11 名王子、38 名现任和前任大臣及大企业家在内的 200 多名要人因涉嫌贪腐被捕。此次反腐行动堪称沙特前所未有的政治地震。被捕人员级别之高、影响之大令人震惊。纵观被捕人员不难发现，此次反腐风暴绝不仅仅是为反腐和改善投资环境，突然之间向国家最有权势的一批人下手当然会激发各方面的丰富想象。实际上在这个仍按照家族规则运行的王国中，公私界限从来是难以划分清楚的，王宫贵胄依靠政治权力经商发财是理所当然和司空见惯的事。腐败在沙特是很难被准确定义的，人们有理由认为，当前的反腐是本·萨勒曼父子巩固权力、推行沙特国家变革的政治工具。

因为，对王储合法性的认可是未来本·萨勒曼能否顺利登基的根本保障。这位年轻的小王储（可能出生于 1985 年），短短两年多间从名不见经传到掌握国家内政外交大权，当然引发王室内部诸多的争议。王位传承方式的骤变，本已引起王室内部其他支系的反弹，而认可度很高的王子被捕更是引起皇家内部的强烈反弹。因此，通过"反腐"收拢权力，确保王位顺利传承，无疑是快速推进政策目标实现的有效途径。

此次反腐行动的目标人员直指三类人：实权王子、重量级大臣、商业大佬。被捕的王子有已故国王阿卜杜拉之子、国民卫队司令穆塔卜亲王，有前利雅得省省长图尔基亲王，也有"最富王子""中东股神"瓦利德亲王；被捕的大臣则有现任经济和计划大臣、前财政大臣、前皇家典礼局局长等，以及前沙特航空公司总裁、前沙特电信公司总裁、前投资总署署长等商业大佬。

对穆塔卜亲王的逮捕可判定反腐背后的真正意图。穆塔卜亲王为司令的国民卫队，是沙特王国的三大武装（另外两个是国防军、警察部队）之一，源于部落武装，专事保护王室之职。如今借反腐将穆塔卜亲王的军权解除，扫除了小萨勒曼顺利登位前的最后一道障碍。加之多位王子和王朝重臣被捕，表明军政商大权已高度集中于本·萨勒曼之手，传统上王室内部各派长期分权维持力量平衡的局面被改写。

二　经济"去地租化"

首先，沙特阿拉伯的经济高度依赖石油产业，凭借巨额石油财富，在短短几十年中，沙特已从一个贫穷落后的沙漠国家变成一个人均国民收入位居世界前列的国家。石油行业收入占沙特王国预算收入的 87%，出口收入的 90%。① 2014 年，国际油价出现断崖式下跌，沙特的石油经济受到严重冲击，引发沙特王室的极度不安。因为，与以往油价下跌不同的是，此次油价暴跌是对新兴的页岩油革命和蓬勃发展的新能源做出的直接回应，油价已再难重回高位，这对有"石油王国"之称的沙特的打击是不言而喻的。过去三年里，随着石油收入的下降，沙特政府每年财政赤字均为千亿美元，外汇储备已由峰值下降 30% 以上，仅剩不足 5000 亿美元。② 2017年以来，沙特经济更是持续两个季度负增长，并开始通过发行政府债券来填补赤字，沙特深陷财政危机。其次，沙特是典型的人口爆发式增长的国家，70% 的沙特人口年龄低于 30 岁，而 2017 年沙特青年失业率高达 32.6%，为全球平均失业率的 3 倍。③ 从各方面均可看出，沙特的经济改革已到了不得不改的境地。在此背景下，沙特政府推出了"2030 愿景"规划，该规划与以往蜻蜓点水式的"去石油化"努力不同之处在于，"2030 愿景"表达了沙特力图摆脱"荷兰病"和"资源诅咒"的决心，希望通过改革使沙特彻底摆脱地租型经济模式，拟将非石油收入翻 3 番，彻底戒除"油瘾"。

为促成目标的达成，沙特政府表示，将在 2017 年至 2018 年出售阿美石油公司 5% 的股权为其主权财富基金筹资；并宣布投资5000 亿美元在红海沿岸新建一个尼尤姆特区，试图参照迪拜的发展模式将房地产和现代服务业作为战略性支柱产业，寻找新的经济

① http://www.cia.gov/library/publications/resources/the-world-factbook/geos/sa.html.
② "Saudi Arabia Foreign Exchange Reserves", https://tradingeconomics.com/saudi-arabia/foreign-exchange-reserves.
③ "Youth Unemployment Rate for Saudi Arabia", https://fred.stlouisfed.org/series/SLUEM1524ZSSAU, January 18, 2018.

增长点。然而，"去地租化"经济目标对沙特来说是一件极为不易的事情。"2030 愿景"的推进将面临错综复杂的问题，如何将"2030 愿景"目标真正转化为具体可执行的政策，以应对不断趋紧的经济环境，成为沙特政府必须认真解决的问题。一方面，沙特缺乏完备的工业化条件。除人力资源外，大规模工业开发并进行工业利用的自然资源分为四类：土地、水源、能源、原料，其中土地是工业生产活动的空间场地，水源是工业选址和布局的先决条件。[①]沙特的劳动力主要依靠外籍劳工输入，自然条件艰苦、人力资源缺乏成为制约非石油产业发展的重要因素，沙特显然不具备工业化成熟发展的基本条件。另一方面，在非石油行业和私营部门相对落后的沙特，推行"2030 愿景"必须依靠政府主导的大规模投资。根据目前沙特入不敷出的财政状况看，虽然政府已大幅减少消费支出，逐步降低水、电、燃料等服务和货物补贴，甚至对部分商品首次征税以期缓解财政压力，但远远筹集不到雄心勃勃改革方案所需要的巨大资金。

三　社会和文化改革

社会和文化改革是实施"2030 愿景"的重要组成部分，也是当代沙特政经改革的必经之路。社会改革以赋予妇女权利为中心，这将直接挑战沙特长期延续的社会习俗及瓦哈比派教义。比如首次打破禁忌赋予女性驾驶权、允许女性进入体育场观赛、允许女校开

---

① 金碚：《中国工业化的资源路线与资源供求》，《中国工业经济》2008 年第 2 期，第 6 页。

体育课等，这都是努力逐步向现代化社会方向迈进。"2030 愿景"拟在投资 5000 亿美元设立的尼尤姆特区里，取消男女隔离和对女性着装的规定。同时，沙特政府出台新规约束宗教警察的职权，剥夺原先赋予其的直接执法权，要求其在监督社会风尚的过程中保持"亲切友好"的态度。

历史地看，作为政教合一的君主制国家，伊斯兰瓦哈比派教义对维护沙特家族的宗教合法性及实现社会稳定曾起到至关重要的作用。瓦哈比派以其创始人穆罕默德·伊本·阿卜杜·瓦哈卜（1703～1792 年）得名。1744 年，他与内志地区德尔伊叶酋长穆罕默德·伊本·沙特结盟，使得沙特家族的武力征伐获得更多宗教合法性支持，而沙特家族则保证瓦哈比派的国教地位。自此，由沙特家族和瓦哈卜所属的谢赫家族结合而成的宗教军事联盟开始改写阿拉伯半岛的历史。20 世纪 70 年代后期，石油美元滚滚而来，沙特在阿拉伯和伊斯兰世界的影响力大增，瓦哈比主义也成为具有世界影响力的宗教派别。长期以来，沙特王室和瓦哈比派之间保持着共生共存的关系，瓦哈比派教义代表着沙特的官方意识形态。当然，现代沙特王国开国初期曾发生瓦哈比极端派"伊赫万运动"叛乱，而且从全球视角来看，"伊斯兰国"、基地组织等极端组织的意识形态都与瓦哈比主义有关，沙特也因此备受指责。

在此背景下，力图快速推动经济改革的本·萨勒曼王储深刻认识到在年轻人口占多数的沙特社会，顺应时势和民心民意自上而下地推进文化和社会改革，是一个重要的手段。因为，沙特的保守极端主义不仅与社会发展趋势渐行渐远，严重制约着沙特的经济发展，同时也给沙特的国际形象带来巨大的负面影响。借助社会文化改革，不仅能够改善和提高沙特的国际地位和形象，而且可以改善国家投资环境，是吸引外国投资、推动实现经济多元化的有效途径。与此同时，通过所谓"文化革命"也能令王室在年轻一代的百姓中获得更多的支持。

为推进社会文化改革，本·萨勒曼王储将极端主义作为重点打击对象。在利雅得举行的"未来投资倡议"大会上，他破天荒地表示沙特将摆脱偏激的瓦哈比教义和严苛的罕百里教法的束缚，着手摧毁极端思想，"回归温和伊斯兰"，并称将发起"文化革命"，推动国家世俗化，使沙特朝着开放开明的方向、朝着世俗化和现代化发展。据媒体估计，自 2017 年 6 月国王易储以来，已有近千名反对改革的伊斯兰主义者被捕。小王储实行社会文化改革的决心和力度得到国际社会的普遍认可，但国际社会也担心，在长期极端保守的沙特社会急速推进社会文化改革是否会带来不可预测的风险，瓦哈比派宗教势力、伊斯兰传统势力甚至普通民众是否能够接受，这是不得不关注的问题。

四　地缘政治风险

目前，沙特所处的地缘政治环境可谓险峻。萨勒曼继任国王后，其子本·萨勒曼的每次晋升都伴随着一波军事和外交行动，且每次目标均指向地区对手伊朗。2015 年 3 月小萨勒曼出任副王储（兼国防大臣）后，果断出兵干预也门地区事务，发动了代号为"果断风暴"的军事行动，纠集 10 个国家的军事力量打击也门胡塞武装和前总统萨利赫势力。2017 年 6 月，本·萨勒曼升任王储前后，沙特又联手阿联酋等国，突然对卡塔尔施以外交和经济制裁；2017 年 11 月初，黎巴嫩总理萨阿德·哈里里突然"应邀"访问沙特，并在沙特反腐行动爆发后的几小时内突然公开指责伊朗支持真主党操控黎巴嫩内政，宣布辞去总理职务。

从目前情况来看，小王储在国内开展的重大政治行动大致达到了目的，但其发动的对外行动则基本都陷入了困境。也门的军事行动久拖不决，耗资巨大，伤亡惨重，沙特不得不由攻转守，陷入战争泥潭无法自拔。与阿联酋、巴林等国联手对海湾兄弟国卡塔尔实施断交和禁运，不但未达到既定目标，反而促使卡塔尔国内更加团结，外交上进一步与伊朗和土耳其走近。黎巴嫩总理"被辞职"事件更成为国际社会的笑柄，让沙特陷入施行以大欺小的地区霸权的不义境地。

对于哈里里辞职事件，有分析人士认为，沙特以哈里里对真主党妥协为由，逼其辞职，意在挑起黎巴嫩内乱，快速瓦解黎巴嫩政府，打击黎巴嫩真主党及其幕后的伊朗。沙特不甘心在与也门、叙利亚的代理人之战中大大落败于伊朗，意将目标指向黎巴嫩从而给伊朗制造麻烦。不料，事情并未按照沙特原先设想的计划进行。沙特原本设想哈里里的辞职将迫使联合政府垮台，导致黎巴嫩真主党和伊朗失去在黎的合法政治平台，但没想到哈里里的辞职反而使黎巴嫩国内亲真主党和反真主党的政治力量空前团结起来。因此，危机在法国介入后迅速告一段落，哈里里辗转回国，沙特自讨没趣。

改革前景展望

总而言之，目前沙特正在经历百年未有的剧烈转型，以"2030

愿景"为总纲领的这场大变革，显示了沙特在萨勒曼国王父子领导下朝着去地租化和世俗化改革方向迈进的决心。事实上，这并不是沙特历史上第一次发起全面改革。20世纪60年代，费萨尔国王通过自上而下的改革，大大推动了沙特经济和社会的进步，沙特国家得以迈上现代化的征程。[①] 但1970年后，虽然沙特先后颁布和实施了10个五年发展计划，也曾谋划所谓多元化发展，但社会政治经济的改革步伐一直十分缓慢。这一次在沙特由萨勒曼国王父子发起和推动的改革行动无疑值得期待和肯定，但改革面临巨大的政治和社会风险，无论是在政治层面、经济层面还是在社会层面都注定布满荆棘。

政治上，本·萨勒曼王储依仗其父王支持和美国的撑腰，大刀阔斧地推进改革。然而，年轻的王储"以四面出击的方式迅速地将王室其他各派势力都推向了对立面"，这不能不使改革的后果难以预料。经济上，"2030愿景"实际上是老调重弹，除了"堪称宏大的想象"外，缺乏新意，而且或缺乏具体的实施措施，或改革措施不切实际，发展目标难以企及。酝酿中的阿美石油公司上市生不逢时，显然会影响资金募集的规模，时至今日仍为纸上谈兵，而且预计上市后也将面临信息披露、法律监管等多方面的巨大压力。小王储试图效仿迪拜模式，雄心勃勃兴建尼尤姆新城，但本质上这仍然是个房地产项目，且缺乏迪拜成功所必不可少的天时地利人和等多重因素。社会方面，改革已经严重触动了沙特官方意识形态瓦

---

① 吴彦：《费萨尔改革与沙特阿拉伯王国现代化》，《阿拉伯世界研究》2006年第1期，第26页。

哈比主义，这无疑将动摇作为政教合一君主制国家中宗教合法性对王室统治至关重要的基础。毕竟，改革一声令下便可进行，但文化和思想的转变则是一个漫长的过程，在一个长期保持传统保守的社会中，社会各界对如此"急速推进的激进改革"的接受恐怕也得有一个过程。更为重要的是，激进的外交政策可能成为决定改革成败的重要因素。就目前看，沙特的改革只是刚刚开始，距离成功还有相当漫长的道路要走，而改革的成功与否将影响整个中东地区甚至世界。

第五章

沙特国王更换王储事件的来龙去脉

    2017 年 6 月 21 日，沙特阿拉伯国王萨勒曼（Salman Al Saud）突然宣布废黜前任王储纳伊夫亲王，任命自己的小儿子、副王储穆罕默德亲王为新王储。这是萨勒曼国王 2015 年 1 月继位以来第二次废立储君。2015 年 1 月 23 日，萨勒曼国王接任去世的哥哥阿卜杜拉出任国王后，曾任命自己的弟弟穆克林亲王为新王储，但是仅在其继位三个月后就突然宣布废除穆克林王储，任命自己的侄子纳伊夫亲王为王储，同时任命自己的儿子小萨勒曼为副王储。也就是说，在两年多的时间里，沙特国王萨勒曼先后废除两个王储，又相继任命了三位王储。

    2015 年去世的沙特国王阿卜杜拉，是现任国王萨勒曼同父异母的哥哥，而两位国王都是现代沙特阿拉伯王国的建立者伊本·沙特国王的儿子。沙特阿拉伯王国是以王室沙特家族命名的，王国的创立者伊本·沙特是一位传奇性人物。1932 年他建立了沙特阿拉伯王国，1953 年伊本·沙特去世后，按照他的安排，王位开始在他的儿子们之间传承，兄终弟及。

    伊本·沙特建立的沙特王国，囊括了阿拉伯半岛大部分地区，半岛上还有其他国家，如也门、阿曼、卡塔尔、阿联酋、巴林等，但这些国家的面积都不是很大。实际上，沙特家族在阿拉伯半岛上是一个中间偏小的家族，之所以能建立起面积如此之大的王国，确实是与伊本·沙特国王的文韬武略分不开的。

历史地看，现在的沙特阿拉伯王国也可称为第三沙特王国。1744～1750年，第一沙特王国建立，直到1818年，第一沙特王国存在了70多年。第一王国初建时，沙特的面积很小，1786年开始扩张，到1808年基本上统一了内志，后来又吞并了哈萨，攻克了麦加和麦地那。沙特家族之所以能崛起，与一个标志性事件密不可分，那就是1744年第一沙特王国的创立者和阿拉伯半岛上瓦哈比教派的创始人瓦哈卜结成了联盟。这是一个历史性的联盟。沙特家族承诺在未来统治区域内扶植瓦哈比派为国教，而瓦哈卜创立的瓦哈比派将在宗教上支撑沙特家族统治的合法性。两大家族战略联盟后，才有了第一沙特王国，领土面积最大时大致相当于现代沙特阿拉伯王国的国土面积。第一沙特王国对汉志的征服（包括麦加和麦地那在内的红海东岸地区），严重动摇了当时奥斯曼帝国的统治，奥斯曼帝国调派埃及总督前去征讨。1818年，奥斯曼帝国埃及总督出兵阿拉伯半岛，灭掉了第一沙特王国，将时任沙特国王抓到了奥斯曼帝国首都君士坦丁堡斩首示众，第一沙特王国覆灭。

1824年，沙特家族又夺回了利雅得，建立了第二沙特王国。但即使在第二沙特王国极盛的时候，其领土面积也远远没有达到第一沙特王国时期所拥有的面积，而且第二沙特王国并没有存在很长时间，1891年，半岛北部的伊本·赖世德南侵，第二沙特王国灭亡，沙特家族的子孙们逃到科威特避难，其中就包括现在沙特阿拉伯王国的缔造者——伊本·沙特。1902年，伊本·沙特率领几十位勇士，骑着马从科威特出发，消失在沙漠中几十天后，突然出现在了德拉伊耶（利雅得附近，沙特家族的发祥地）。在夺回德拉伊耶以后，又一路征战一路扩张，于1916年大致统一了内志地区。第一次世界大战后，奥斯曼帝国解体，英、法等西方列强纷纷瓜分奥斯曼帝国剩余的版图，伊本·沙特国王迅速向汉志地区进军，最终在1932年正式建立了现代沙特阿拉伯王国。

伊本·沙特国王一生有众多子女。据说这位老国王一生曾娶过200多位夫人，如此频繁休妻娶妻的一个很重要目的就是要与阿拉伯半岛上的其他家族联姻，扩大沙特家族的政治统治基础。1953年老国王去世的时候，按照他的安排，王位开始在他的儿子们之间传承，兄终弟及。根据有关研究，当年老国王去世时有王位继承权的儿子多达38位。当然，这个数字是有争议的，有说36位的，也有说35位的，还有说43位的。第一位接任国王的是当年在世年龄最大的儿子，名叫沙特。沙特国王于1953年继位，1964年被他的弟弟费萨尔王储取代。老国王在世时，曾表现出非常强烈而明确的意愿，希望费萨尔王子能在沙特之后继承王位。所以老国王去世后，沙特国王和费萨尔王储之间有过一场非常激烈的权力斗争，最终费萨尔亲王获胜，他于1964年废除了沙特国王，自己成为新的国王。

费萨尔国王当政十余年，1975年被自己的一个侄子刺杀。他去世以后，由王储哈立德亲王接任。哈立德国王从1975年到1982年在位，他病逝以后由他的弟弟法赫德王储继任。法赫德国王在2005年去世以后，又由阿卜杜拉王储继任。阿卜杜拉国王于2015年去世，现任国王萨勒曼就位。显而易见，至萨勒曼就任国王为止，沙特王位的继承始终延续了兄终弟及的传统。萨勒曼继任国王后也按惯例任命时任副王储的弟弟穆克林亲王为王储，但仅仅三个月后他就废除穆克林王储，改任自己的侄子纳伊夫亲王为王储，同时任命自己的小儿子穆哈默德亲王为副王储，王位开始准备向第三代传承。

从1953年开国之君去世到2015年，在60多年的传承中，伊本·沙特国王的儿子们都进入了老迈的阶段，即使最年轻的穆克林亲王也已经70多岁了（1945年出生），显然王位兄终弟及逐渐难以为继，向第三代传承已经不可避免。而第三代有王位继承权的亲王数以百计，且"出自多门"，谁来继承王位肯定会有家族内部的权力斗争，萨勒曼国王连续废掉两个王储就很说明问题。从表面来看，当前阶段沙特的王位之争非常激烈，但实际上王室内部权力斗争最激烈的时候是在2015年阿卜杜拉国王去世之前。阿卜杜拉国王大权在握近20年。1982年，法赫德就任国王时他成为王储，1996年法赫德国王中风后他开始摄政，王国日常的权力运作实际上都掌握在他的手中。尽管阿卜杜拉在2005年法赫德国王去世后才成为国王，但从1996年到2015年，他实际上大权在握已近20个年头。

在长期的王位传承过程中，在30多位有王位继承权的兄弟中，逐渐形成了两个权力集团：一个就是现任国王萨勒曼所在的集团，通常被称为"苏德里集团"。因为萨勒曼的母亲出自苏德里家族，而且萨勒曼的母亲一共生了7个儿子，即所谓苏德里七王。也就是说，在30多位有王位继承权的王子中，7位兄弟（苏德里七王）既是同父又是同母，这构成了一个非常显赫的集团。苏德里七王中老大就是法赫德国王，老二是 2011 年去世的苏尔坦王储，老四是 2012 年去世的纳伊夫王储，萨勒曼国王是苏德里七兄弟中的老六，老七艾哈迈德亲王仍然健在且身体非常好。另外一个则是以前国王阿卜杜拉为代表的集团。阿卜杜拉国王在苏德里七王之外的兄弟中协调形成了足以与苏德里七王抗衡的阵营。在 2015 年阿卜杜拉国王去世之前，沙特王室家族内部权力斗争趋于白热化，2013 年，阿卜杜拉国王突然宣布任命最小的兄弟穆克林亲王为副王储，提前决定了王位继承的顺序。也就是说，一旦时任王储萨勒曼亲王去世，那么王位继承将不再按照兄终弟及的顺序由萨勒曼的同父同母弟弟艾哈迈德亲王接任，而是直接传承给穆克林亲王。这个动作明显是对苏德里七王势力的打压。而且，兄终弟及争夺王位继承权斗争的背后，实际上还隐含着王位向第三代传承时谁来做第三代领头羊的问题。在第三代数以百计的亲王中，有两位领军人物，分别代表两大权力集团：一个是苏德里系推崇的纳伊夫亲王，就是 2017 年 6 月刚刚被萨勒曼国王废黜的王储——纳伊夫亲王，也是萨勒曼国王同父同母的四哥的儿子；阿卜杜拉国王这一派所推崇的则是阿卜杜拉国王的儿子，时任沙特阿拉伯国民卫队司令的穆塔卜亲王（此人已在 2017 年底的"反腐风暴"中交出了兵权）。这两位可以说是沙特王室家族第三代亲王中的佼佼者，被作为标杆人物来争夺王位继承权。但是，"人算不如天算"，最终阿卜杜拉国王先萨勒曼而去，就任国王后的萨勒曼先后两次废储，2017 年 6 月，干脆直接任命自己的小儿子穆哈默德亲王为新王储。这意味着不仅沙特阿拉伯的王位很快会向第三代传承，而且还将在家庭内部传承，"萨勒曼王朝"呼之欲出。类似的传承在沙特阿拉伯王国历史上只出现过一次，即立国之君伊本·沙特去世时直接把王位传承给了自己的儿子，而不是按照传统传给自己的兄弟。

可能有人会问，萨勒曼国王这样做会不会在王室内部引起强烈反对呢？实际上，此次废储立新，形式上走足了程序，在萨勒曼国王主导下家族内部的效忠委员会进行了投票，34 位效忠委员会成员中有 31 位投了赞成票，所以理论上讲，这次废储立新是合法的。而且，萨勒曼国王为了顺利废储立新，还做了一些关键性的工作，主要包括两个方面：第一，修改了沙特的基本法，明确承诺未来沙特的王位不得在同一支系上传承，也就是小萨勒曼继位后不能立自己的儿子或兄弟为王储；第二，签署了 10 多项国王令，给许多王室家庭以重要的权力或者重要的利益作为平衡。

当然，废储立新不可能没有风险。因为小王子过于年轻，只有 30 岁出头，他正式靠近政治权力中心大概是在 2012 年，当时的萨勒曼出任王储兼国防大臣，小萨勒曼就成为王储的顾问，同时也是国防大臣顾问。尽管他的父亲精心栽培，但到今天也不过五六年的时间，小萨勒曼还是比较稚嫩的。如果萨勒曼国王身体无恙，能够给这位王子打下更好的基础，将来他正式上任时可能会更加平稳。但是众所周知，萨勒曼国王年老体弱，甚至在他任王储的时候，沙特国内外都不太看好他，认为身体原因可能使他没有机会成为国王。现在他匆忙废储立新，扶植自己的儿子接班，很可能就是急于要在自己在世时把这件事搞定。萨勒曼国王在沙特的第二代亲王中可以说是德高望重的，因为他长期在权力中枢，曾长期担任首都利雅得省省长，位高权重，在第二代亲王中被公认是一个协调各支系事务的重要人物，特别是在第三代亲王中拥有至高无上的威望。

小萨勒曼就任王储在沙特内外引起很多议论，责难的声音不少，主要是说他年轻、莽撞，特别是 2015 年他就任副王储后发动的军事干预也门战事，不仅远未达到干涉的目的，反而引火烧身、骑虎难下，损坏了沙特阿拉伯的国际形象。在叙利亚的行动也是如此。与此同时，小萨勒曼还被赋予国内变革的重要使命。2014 年世界油价大幅下跌后，沙特财政出现很大亏空，两年间就耗掉了沙特大量的外汇储备。在这种情况下，国王授权小萨勒曼主持制定了"2030 愿景"（国家长期发展规划），主要目标就是要使沙特在 20年后经济不再主要依赖油气，彻底改变国家的经济发展结构。在社会和文化变革方面，新王储在国内受到年轻人热捧，被寄予厚望，因为他有一系列比较先进的言论，比如要让沙特阿拉伯妇女享受她们应该享受的权力（包括开车），公开讲："将近人口一半的妇女不参与就业怎么能说是一个现代化的国家呢！"但是，新王储在国内的变革努力可能会面临更大的挑战，因为现在的沙特阿拉伯总体来说仍然是一个封闭、保守的社会。在这样一个传统社会里进行变革会非常艰难，比如费萨尔国王 1964 年就任国王后带领沙特疾速向现代化迈进，但在当时的沙特，电灯、电话、汽车、广播、电视的使用都受到了强烈的抵制，包括王室和统治集团高层内部，充斥着对费萨尔国王"离经叛道"的指责。这就使得沙特社会向现代化迈进的每一步都充满艰难。1975 年，费萨尔国王被自己的一个亲侄子枪杀，据说这位王子的哥哥曾在抗议费萨尔国王现代化改革的示威中被警察打死。

无论如何，沙特阿拉伯萨勒曼国王父子正在推进的变革对沙特内外都是一件大好事。中国领导人已和沙特国王父子建立了非常好的相互信任的关系，双方都对沙特阿拉伯"2030 愿景"和中国"一带一路"建设的对接充满了期待。我们坚信，中沙关系有着非常光明的前景。

（此文是作者 2017 年 6 月在"宣讲家网"的演讲）

第六章

埃及：政经形势尚可、安全局势严峻

埃及军方领导人塞西2013年7月废黜前总统穆尔西，2014年6月当选总统，随后"铁拳"维稳、力推改革。四年多来，在其领导下，埃及艰难进行政治过渡，努力平息社会动荡，竭力恢复经济发展，对外提升外交话语权。目前，尽管埃及安全形势依然严峻，但政府总体控局无虞。

一 塞西执政地位稳固

在过去的2017年里，塞西执政地位稳固，目前正全力争取赢得新一届总统大选。

一是继续巩固权势。根据2014年全民公投通过的宪法修正案，埃及司法机构的权力得到极大加强，除享有单独预算外，最高宪法法院还可自主任命法院主席。但2017年4月，在塞西运作下，埃及议会通过《司法权力法》修正案，将司法系统高层职务的人事任命权收归总统，国家司法委员会仅负责推荐3名最高宪法法院主席候选人，最终人选则由总统决定，从而明显加强了总统对司法系统的掌控。与此同时，作为塞西坚强后盾的军队，一如既往拥有巨大权力。自 1981 年穆巴拉克出任总统起，埃及一直实行紧急状态，军队有权随意抓捕和审理平民，紧急状态统治直到 2012 年 5 月才被废除（2013 年 7 月罢黜前总统穆尔西后再次临时施行三个月）。但自 2017 年 4 月埃及发生针对基督教堂的恐怖袭击后，塞西宣布全国进入紧急状态，并在此后将紧急状态一再延期至今。虽然新宪法限制了军事法庭审判平民的权力，但 2014 年 10 月颁布的总统令规定，军方有权监管所有"公共和重要设施"，加之新反恐法和游行法的实施，军方的权力有增无减。2017 年 2 月，塞西还颁布第 5 号法令，国家司法委员会必须由一名军事法官负责。此外，军方的触角还遍及埃及政商两界：目前埃及 2/3 以上的省长均出自军警系统，占 GDP 约 40% 的产值由军方控制。①

二是谋求连选连任。为了给大选造势，早在 2017 年初就有议员在议会收集签名，寻求修宪以取消对塞西连选连任的限制（目前只能两任，每任四年）。当年 10 月，塞西的支持者发起名为"为了埃及而和你在一起"的运动，声势浩大，仅一个多月就收集了 300 万个签名。议会内的"支持埃及集团"成员自由埃及党和国家未来党极力为塞西拉票，令联名推荐的议员总数达到了破纪录的 535 人（共 596 人）。同时，议会设法推迟一些可能对塞西声望造成影响的法律草案，如租赁法草案、统一私营部门和公共部门税率的草案等都被推迟到 2018 年 10 月开始的下个议会季讨论。政府

---

① Mohamed Hamama, "Sisi Says Military Economy is 1.5% of Egypt's GDP, But How Accurate Is This?" *Mada Masr*, Nov. 2, 2016. http://www.madamasr.com/en/2016/11/02/feature/economy/sisi－says－military－economy－is－1－5－of－egypts－gdp－but－how－accurate－is－this/.

也大力宣扬在塞西领导下埃及所取得的成就，通过"埃及1095天"等活动渲染塞西在政治、经济、社会、外交等各方面的政绩，着力吸引年轻人和妇女选票。而塞西潜在的竞争者则在军方、政府和司法系统的联手阻击下纷纷弃选或失去竞选资格，知名人权律师哈立德·阿里被以"有伤风化"的罪名判处三个月的监禁，只得宣布退选；埃前总理和前总统候选人艾哈迈德·沙菲克刚刚进入埃及境内即与家人"失联"，随后以"无法胜任总统重任"为由弃选（据泄露的情报官员电话录音显示，沙菲克受到了安全部门的威胁）；① 一名寻求参选的埃及军官则被以"违反军法"为由判处入狱六年；前总参谋长萨米·阿南被军方以"伪造服役期满证明"为由逮捕，实际上阿南仅宣布"有意"参选，根本还未注册登记。直到明天党主席穆萨在截止期限前两小时报名"陪选"，才打破了塞西是唯一候选人的局面。这种情况下，塞西连任几乎没有任何悬念。

三是进一步加强社会管控。2011年后，埃及政府一直对境外非政府组织高度警惕，指责其"干预"埃及国内事务，"煽动"民众示威，曾突然搜查包括美国参议员麦凯恩任董事会主席的国际民主研究院、美前国务卿奥尔布赖特参与的自由之家、国际记者中心等17家外国非政府组织，禁止43名涉案人员离境，令美埃一度面临"灾难性的断交风险"。塞西上台后，镇压示威、严管媒体等行为令其不断遭到国际人权组织指责，但塞西不为所动，2016年11月，埃及通过新的非政府组织法，2017年5月正式颁

---

① Jamal Elshayyal, "Leaks reveal workings of Egypt's most powerful force", Aljazeera. net, http: // www. aljazeera. com/blogs/middleeast/2018/01/leaks - reveal - workings - egypt - powerful - force - 180110111149856. html（上网时间：2018年1月12日）。

布施行。该法严管外国在埃及的非政府组织，禁止其涉足政治、劳务、贸易、工会、行会等领域活动及从事任何可能"危害国家安全"的行为，并规定了严厉的处罚措施，违反者最高可被判处五年监禁和 5.5 万美元罚款。目前，埃及有 4.7 万个非政府组织，其中一些受到外国资助。该法引发国际人权组织激烈抗议，西方舆论指责该法"使埃及糟糕的人权状况雪上加霜"。此后，一名来自埃及南方努比亚省的知名活动分子死于监狱，一些人权分子的财产被法院冻结，一名准备前往美国开会的人权律师 9 月在机场被捕，引发英、加、荷兰、德国和意大利 5 国驻埃大使公开批评，[①] 导致塞西赴美、法访问前，东道国政府都受到了国内极大的压力。与此同时，埃及政府还加强了对社会舆论的控制：2016 年 12 月底，议会通过新的媒体法，成立媒体监督最高委员会，严控外国媒体的执照发放、出版和广播等；在音乐会上称饮用尼罗河水会生病的流行歌星 Sherine Abdel Wahab 被告上法庭，罪名是"伤害公共利益"，另一名女歌手 Shyma 则因在 MV 中穿着内衣吃香蕉而被法院认定煽动淫乱，遭判处入狱两年。迄今，埃及全国已有 100 多家媒体网站被关停，埃及人权组织称埃人权状况处于自 2011 年以来最坏的时刻。

一年多来，受安全形势恶化、经济改革伤筋动骨等影响，塞西的民意支持率出现下滑。据埃及公共舆论调查中心（BASEERA）的民调，2016 年 8 月塞西支持率高达 82%，但 10

---

① Declan Walsh, "In Egypt, a Contender Emerges to Challenge President Sisi", *The New York Times*, Nov. 6, 2017. https：//www. nytimes. com/2017/11/06/world/middleeast/egypt – sisi – election – opponent. html? rref = collection%2F section collection%2F middleeast.

月已降至68%，至2017年10月，更有55%的埃及人对国家表现不满。① 不过，由于塞西铁腕控局，以及民众普遍盼稳，伊斯兰反对派举行反政府游行的呼吁始终应者寥寥，加之穆兄会被强力镇压，领导层或流亡，或入狱，埃及国内尚无势力可撼动塞西的执政地位。

二　经济转型加速

塞西上台后埃及经济严重依赖外援，2013～2016年，仅沙特就向埃及提供了大约250亿美元的资金，但受国际油价下跌等因素影响，海湾产油国不可能无限期向埃及提供支持。2016年11月，埃及与国际货币基金组织（IMF）达成为期三年、总额120亿美元的贷款协议，作为条件，埃及必须在2017～2019年推动货币、财政和经济结构性改革，IMF将视埃及改革进展情况分阶段发放贷款（现已到账60亿美元）。尽管改革是不得已而为之，但实施一年来已经取得一些成效。

其一，实行自由汇率，外汇短缺问题缓解。2011年政局动荡后，埃及外汇储备急剧减少，从"革命"前的360亿美元锐减至150亿美元，不足三个月的进口之需，历届政府均将增加外储作为重要任务，但始终没有起色，黑市随之猖獗，汇率一度超出官方汇率近倍，成为埃及经济复苏的严重短板。2016年11月3日，

① Sarah El Shalakany, "Egypt's 'Talk Show Emperors' Set to Return to the Screen", Al - Monitor, http：//www. al - monitor. com/pulse/originals/2017/11/egyptian - presidential - election - approach - media - figures - return. html#ixzz53wtkMyFF（上网时间：2018年1月12日）。

埃央行宣布允许汇率自由浮动，美元兑埃镑比率由1：7.73骤然升至1：18.85，此后基本稳定在1：17.6。随着黑市消失和汇市转稳，外商对埃经济信心开始恢复，外资流入速度加快，2016～2017财年，外国证券投资流入达70亿美元，而此前五年外国所持有的埃政府有价证券总计不足10亿美元；国际市场对埃及国债需求转盛，埃及政府在国际市场成功发行40亿美元国债，而联合订单超过了135亿美元，几乎是埃所需数额的3.5倍；2016年吸引外国投资机构和基金600个，至2017年猛增至1150个；外汇储备迅速增加，当年12月即涨为243亿美元，至2017年底达到370亿美元，超过"革命"前水平。外汇管制取消，为限制外汇持续流出，埃及央行自2011年起严格规定，个人每次出境或每月对外汇款不得超过1万美元，2014年该限额被提升至10万美元，2017年6月彻底取消了限额，年底又宣布取消对非基本商品进口商在外汇存储和支取方面的数额限制（此前为每月5万美元）。政府偿还拖欠外国公司的石油欠款，2012年欠款峰值为64亿美元，至2017年中仅余20亿美元，计划2019年全部还完，并承诺今后不再拖欠。尽管货币贬值不可避免地造成通胀率猛升，但政府大大加强了调控。2016年10月，政策出台前的核心通胀率为13.56%，12月则达到22%，2017年1月更增至30.8%，7月斋月期间达到顶峰35.3%，但之后逐渐回落，至12月底降至19.9%。[1] 据IMF预计，2018年底埃及通胀率将降至约13%，届时随着通胀率下降，消费者支出也有望恢复，出口和旅游业将会进一步加强（2017财年出口额已同比

---

① http：//www.cbe.org.eg/en/MonetaryPolicy/Pages/Inflation.aspx/.

增长 16%，扭转了连续四年的跌势）。

其二，继续实施紧缩的财政政策，努力降低财政赤字。几十年来，"福利换稳定"政策一直是阿拉伯国家（包括埃及）社会基本保持平稳的重要保证。但随着人口迅速增加和经济增速放缓，巨额的生活补贴逐渐成为各国政府难以承受的重负。2017 年后，地区多国纷纷推出削减补贴政策，均引发社会剧烈动荡，与之相比，埃及循序渐进地实施削减补贴政策，同时又注重保障低收入群体利益的做法取得较好成效。2016 年 7 月，政府宣布实施阶梯电价，11 月，提高能源价格；2017 年 3 月，地铁价格上涨一倍，计划 2018 年 7 月实行阶梯票价；6 月，能源价格再次上调 50%；8 月 2 日，提高饮用水价格，实施新的阶梯水价；继续削减电力补贴，计划至 2022 年彻底取消这一补贴。与此同时，完善 2014 年推出的智能补贴卡制度。目前埃及补贴政策覆盖 7000 万人，政府每月支出约 170 亿埃镑，但实际有 37.8% 的国民不符合享受补贴的条件，政府决定削减对该部分人群的福利政策，如大饼补贴数量从 3000 万张降至 500 万张，虽旋即引发多地游行示威，但在政府劝说和解释下很快平息。另外，政府努力增加财政收入。2016 年 9 月改销售税为增值税，税率从 10% 提高至 13%，2017 年进一步提至 14%。旅游业复苏，2017 年 1~9 月旅游收入 53 亿美元，同比增长 212%，当年 1~11 月外国游客达 750 万人次，同比增长 54.7%；侨汇收入增长了 40 亿美元，达到 242 亿美元的历史新高。与此同时，为避免改革引发社会动荡，政府更加关注低收入群体的生活状况，提高穷人用于低价购买 32 种生活必需品的智能卡补贴额，从 21 埃镑增加至 50 埃镑；养老金提高 15%，使 1000 万退休人员受益；提高针对贫困家庭的"尊严"和"扶助"项目补助（前者是向老龄人口和残障人士每月发放350埃镑，后者向每户每月提供325埃镑现金补助，儿童可每月再领取60~100埃镑补贴），每月增加100埃镑，覆盖人群在原有基础上增加20万户；提高税收的起征点和免征额等。此外，埃及失业率趋降，2016年第四季度为12.4%，2017年前三季度分别为12%、11.98%和11.9%。

其三，通过新的投资法，经商环境进一步改善。历经三年反复修改，2017年5月，埃及终于出台各界翘首以盼的新投资法，当年10月25日，议会正式通过，并进一步制定相应细则。新投资法对投资范围、投资机制、外资审查、资本构成、外汇使用、国有化与征用、解决投资争议、刑事社会责任等内容进行了完善和更新，其中关于政策透明度和投资促进的条款体现了埃及政府在吸引外资和鼓励私有部门发展方面的决心。新法中70%的内容涉及行政管理，主要是简化审批程序，缩短审批时间，畅通投诉渠道，包括废除外国投资者诟病最多的安全审查等，并规定审批时间最长不得超过97天，有关部门可在土地落实前先发放企业执照、项目许可等，对外籍员工用工比例从原来严格的10%放宽到可灵活掌握，最高不超过20%。此外，埃及政府还修改了商业注册法、工业执照法、证券市场管理和财务法，以进一步简化工商注册环节，改善引资环境。通过新的天然气法，允许私人投资能源领域。成立由总理挂帅的金三角经济区，主要运营国有土地和资产。通过所得税法修正案，计划于2020年5月17日开始实施。随着一系列法律的修订和完善，埃及的引资条件得到进一步加强。

其四，大力发展能源产业，电荒问题基本解决。电力短缺一度严重阻碍埃及经济发展。2014 年以来，塞西政府斥资 120 亿美元加强电力基础设施建设，三年里建成 3 座世界级电厂，发电能力提高 45%。2017 年埃及电力生产由亏转盈，基本满足国内需求，未来两年将重点发展电力传输，计划 2018 年成为地区电力传输和交易中心，将富余电力向约旦、利比亚、沙特及非洲国家出口。能源产业得到长足发展，特别是 2017 年底祖尔超大型天然气田的正式投产，成为刺激国内外投资者的一剂强心针和推动埃及经济发展的强劲动力，其前期日产量 1000 万立方米，待 2018 年 6 月第一期项目完工，日产量将进一步提升至 2800 万立方米。该气田潜在储量约 8500 亿立方米，可满足埃及未来数十年的天然气需求，埃及政府已计划 2018 年底停止液化天然气进口。天然气市场的自由化以及埃积极清偿对外国石油公司欠债鼓励更多投资进入油气勘探和生产领域，2017 年吸引外国油企 81 亿美元的投资，远超 2016 年的 66 亿美元。未来五年，英国 BP 和意大利埃尼石油公司将分别追加 130 亿美元和 100 亿美元投资。除传统燃煤、燃气电站外，埃及政府还决定加速发展核能、风能、太阳能等新能源，其 2017 年清洁能源国家排名比 2016 年前进了 23 位，居世界第 19 位，在阿拉伯世界名列第二。[1]

国际机构纷纷调高对埃及经济发展前景预期。IMF2017 年 4 月、10 月两次派团赴埃考察，肯定埃及经济改革"走入正轨"，预计 2016 财年埃及经济增长率由 3.5% 上涨至 4.2%。[2] 世界银行

---

[1]　Harvest of Economy, Dec. 27, 2017. http：//www. sis. gov. eg/Story/122980？lang = en - us.

[2]　IMF: Egypt's GDP growth exceeded expectations, http：//www. sis. gov. eg/Story/124298？lang = en - us.

2017年10月报告称，2017财年埃及经济增长率约为4.1%，国际收支盈余137亿美元（2016财年为负28亿美元），得益于出口增加和游客增多，经常账户赤字从2016财年的198亿美元下降至156亿美元。标普2017年11月报告将埃经济前景展望由稳定调至正面，这是自2015年5月以来标普首次上调埃及的信用评级，并称如果埃支持投资和增长以及降低通货膨胀的结构性改革继续进行下去，埃信用评级有望在明年进一步提升，预计2017年埃经济增长率为4.2%，2018~2020三个财年的经济平均增长率将为4.4%，高出此前预计水平（3.8%）。2017年8月穆迪公布对埃及评级为B3，前景展望为稳定，称2017财年埃GDP增长为4%，未来几年还会有所增加，财政赤字持续改善，2017年为11%，低于2016年水平（12.1%），2018年将降至10%，至2019年会有少量财政盈余。2018年1月惠誉报告也将埃及经济前景从稳定转为正面，主权信贷评级为B，称汇率改革是埃经济发展的转折点，令埃及宏观经济稳定性日趋改善；预计2018财年财政赤字有望降至9.7%，基本保持平衡，2019财年将出现财政盈余，为15年来首次；政府公共债务GDP占比2017年为103%，2018财年将降至93%，2019财年将减少至88%。

根据IMF的方案，埃及政府下一步还要实施限制货币供应、降低通胀率、控制工资支出、强化青年人职业培训、学校提供免费午餐、中小企业融资便利化、改革破产法和增加妇女就业等一系列改革，任务仍很艰巨。但是，经改成败攸关政权稳定，塞西政府必须努力施行。若政府无法有效解决就业和物价问题、不能使经济复苏红利惠及中下层民众，经济因素将与安全形势恶化等相叠加，引爆民怨，激发政改要求，威胁政权安全。

三　外交压力仍大

积极运筹大国关系、与美俄关系均有实质进展是 2017 年埃及在外交领域的最大亮点。但塞西政府仍面临较大人权压力，阻碍埃及国际环境进一步改善。此外，随着国力提升和影响力扩大，埃及卷入地区冲突的风险也随之增加。

其一，与美国关系重启。2013 年 7 月塞西罢黜前总统穆尔西后，美埃关系陷入低谷，美总统奥巴马多次指责塞西武力镇压民众，暂停对埃的 13 亿美元军援，直到 2015 年 3 月才恢复，但限定军援仅用于反恐、边防和西奈半岛。塞西公开"押宝"特朗普，在美大选前即在联大期间与之会面，还是首位祝贺其当选的阿拉伯国家领导人。特朗普上台后两国关系迅速回暖，当年 4 月，塞西自 2014 年上台以来首次正式访美，也是八年来首次访美的埃及总统。特朗普称"坚决支持塞西"，赞其"尽管处境艰难，但干得非常漂亮"，塞西则高度赞赏特朗普的"独特个性"。两国"复合"源于双方战略互需强劲。对埃及而言，政治上，塞西需要西方为其政权合法性"背书"，尤其是随着 2018 年大选临近，更需要美国支持；经济上，埃及正处于经济改革阵痛期，迫切希望美国落实承诺、扩大经援范围、提高援款利用率和重启 2007 年暂停的自贸谈判；安全上，埃及深受宗教极端武装困扰，希望进一步加强与美国的情报和军事合作，取消美对埃军援限制。对美国而言，埃及是中东第一人口大国，也是首个与以色列媾和的阿拉伯国家，特朗普对巴以的新政尤其离不开埃及的支持。但双方关系深化仍有障碍：一是有关穆兄会，埃希望美将穆兄会列入恐怖组织名单，但特朗普在多个阿拉伯及欧洲国家劝说下决定暂缓；二是人权问题，美国会仍有不少议员抓住埃人权问题不放，特别是 2017 年 5 月塞西不顾美呼吁坚持出台新的有关非政府组织法律后，美国务院 8 月宣布削减对埃 6570 万美元军援和 3000 万美元经援。2017 年初美副总统彭斯访埃期间，仍呼吁埃及政府释放 2013 年被判入狱的非政府组织成员。

其二，与俄罗斯关系进一步巩固。2017 年 12 月，俄总统普京访埃，与塞西五年内第 8 次会晤，两国合作取得实质性进展。一是正式签署塔巴核电站建设协议。该电站是埃首个核电站，计划分 8 期建设 8 个反应堆。俄方承担项目一期的 4 个核反应堆，用时 5～7 年，试运行期为两年，总金额约 450 亿美元，俄方提供 85% 贷款及利息，并承担人员培训、维保和其他费用，剩余 15% 由埃及有关银行提供。一期建成后可满足 100 万个家庭每月 200～300 千瓦的电量消费；建设期间将为埃方提供 2 万个工作岗位，进入运营期将提供 4000 个固定工作岗位，总计创造直接和间接就业机会 8 万个。该项目埃国内成分占 30%，将有效带动埃相关产业的发展。二是启动俄罗斯工业园区项目。该园区位于东塞得港，占地 5.2 平方公里，投资 69 亿美元，2018 年 1 月正式启动，计划分三期，2031 年完成，可提供近 3.5 万个直接和间接就业岗位。园区建设由埃、俄两国政府监管，其建设资金由俄罗斯直接投资基金以及埃国内一些银行提供。三是恢复首都间直航。俄一直是埃旅游业的最大来源地，2014 年俄赴埃游客达 300 万人次，但 2015 年底俄客机在西奈半岛上空遭恐袭爆炸后，俄撤离游客并暂停来往航班。此番普京访埃，双方签署"保障民航安全协定"，决定自 2018 年 2 月起恢复直航。

其三，卷入地区纷争。首先，追随沙特等国与卡塔尔断交。2017 年 6 月 5 日，埃及与沙特、阿联酋、巴林四国以卡塔尔"支恐"为由与之断交，宣布切断与卡陆、海、空通道，驱逐卡外交官和卡籍公民，并提出 13 点要求。但与沙特等国寻求切断卡与伊朗联系不同，埃及的主要目标是压卡塔尔放弃支持穆兄会，其行动有所保留，如继续允许载有卡塔尔货物的船只通过苏伊士运河；虽取消对卡公民的免签，但母亲、配偶是埃公民和在埃留学的学生例外。其次，在巴以问题上陷于被动。美国总统特朗普 2017 年 12 月宣布承认耶路撒冷为以色列首都，还计划将美驻以大使馆从特拉维夫迁至耶路撒冷。埃及声明予以谴责，并向联合国安理会提交草案，要求推翻特朗普决定。但 2018 年 1 月 6 日《纽约时报》披露的 4 份录音显示，一名埃及情报官在电话中要求埃及电视节目的主持人诱导嘉宾同意特朗普的决定，表明埃及政府似已在该问题上与美达成默契。[①] 1 月 14 日，塞西突然下令免去情报局局长哈立德·法瓦兹的职位，虽未说明原因，但媒体猜测其与泄密事件有关。最后，与苏丹关系交恶。苏丹指责埃及支持苏丹的反对派，宣布禁止进口埃及的农畜产品，任何外国商品都不得经过埃及进入苏丹境内。2017 年 12 月土耳其决定在苏丹建立一个军事基地后，埃、苏两国媒体爆发激烈口水战，埃称土、苏企图破坏塞西政府的稳定，随后苏丹将两国有争议的边境纠纷诉诸联合国安理会并召回驻埃大使；2018 年初以来，两国军

---

① David D. Kirkpatrick, "Tapes Reveal Egyptian Leaders' Tacit Acceptance of Jerusalem Move", *The New York Times*, Jan. 6, 2018. http：//www.nytimes.com/2018/01/06/world/middleeast/egypt - jerusalem - talk - shows. html? rref = collection% 2Fsectioncollection% 2Fmiddleeast&action = click&contentCollection = middleeast&region = stream&module = stream _ unit&version = latest&contentPlacement =8&pgtype = sectionfront（上网时间：2018 年 2 月 1 日）。

队在边境发生武装对峙，关系降至历史最低点。此外，埃及还指责苏丹改变立场，在尼罗河水资源分配问题上转而支持埃塞俄比亚，三国首脑 2018 年 1 月 30 日举行会晤，但并未达成一致。随着埃塞俄比亚复兴大坝的建设加快，三方矛盾可能进一步激化。

四　安全形势严峻

2017 年埃及安全局势进一步恶化，恐怖组织接连制造重大恶性恐袭事件，呈现如下特点。

一是极力激化民族、宗教矛盾。一方面，科普特基督徒接连遭受恶性恐袭。2016 年 12 月 11 日，开罗市中心的科普特基督教大教堂遭遇炸弹袭击，至少死 25 人、伤 57 人，多为妇女儿童，是开罗市中心近年来遭遇的最严重恐袭。2017 年 4 月 9 日基督教节日期间，开罗以北约 100 公里的坦塔市的圣乔治教堂遭炸弹袭击，造成 29 人死亡、70 人受伤；三小时后，埃及北部城市亚历山大的圣马可仕教堂遭"人弹"袭击，致 18 人死亡、66 人受伤。5 月 26 日斋月前夕，埃及明亚省两辆载有科普特基督徒的公交车在前往教堂祈祷途中，遭约 10 名蒙面武装分子扫射，造成 28 人死亡、25 人受伤。埃及信奉基督教的科普特人与占人口多数的穆斯林族群矛盾由来已久，由于改宗、通婚和争取宗教权利等，经常发生群体性对抗甚至流血事件。塞西上台后注意弥合宗教矛盾，曾亲自出席基督教新年庆典，但恐怖分子为挑拨教派冲突，不断迫害科普特人和袭击基督教堂，引发基督教徒强烈愤怒和恐慌。此外，苏菲派穆斯林也成为恐袭目标。苏菲派是伊斯兰教逊尼派分支，修行方式具有神秘主义色彩，被自诩正统的宗教极端主义者视为异端，过去几年，极端组织"伊斯兰国"的埃及分支"西奈行省"曾针对苏菲派信徒制造了数起凶案。2017 年 11 月 24 日，25～30 名蒙面武装分子分乘 4 辆越野车，袭击了埃及北西奈省首府阿里什以西 40 公里的一座苏菲派清真寺，造成 309 人死亡、127 人受伤，是埃及历史上最惨烈的恐袭，总统塞西宣布全国为遇难者哀悼三天。

二是继续袭击军警目标。利比亚、叙利亚等邻国陷入战乱，令埃及深受其害，恐怖分子获得了大批武器，2014 年后还招募了不少来自伊拉克、哈马斯和其他国家的专业退伍军人，专门负责制造各种爆炸装置，战力大增。以"西奈行省"为首的恐怖组织不断袭击哨卡和检查站，尤其在西奈半岛地区最为猖獗。据统计，2016 年恐袭共造成 154 人死亡、2323 人受伤，其中军官死伤近 500 人，其余为士兵及平民；2017 年死于恐袭的人数猛增至 604 人。埃及政府自 2017 年 4 月基督教堂遇袭后即宣布全国进入紧急状态，并多次延期至今，还成立了负责反恐和反极端主义的最高委员会，但反恐效果并不明显。7 月 7 日，北西奈省拉法市的两处检查站遭自杀式汽车炸弹袭击，造成 26 名士兵死亡；10 月 20 日，警方前往抓捕恐怖分子时遭遇伏击，官方称 16 名警察殉职，但媒体普遍称至少有 50 名警察死亡；12 月 19 日，国防部部长和内政部部长在西奈上空视察时遭恐怖分子导弹袭击，但幸免于难。由于反恐不力，塞西 10 月底下令撤换武装部队参谋长，国家安全局局长和吉萨省安全事务主管等 11 个关键岗位也进行了人员更替，要求军方动用"一切强力"务必在三个月内恢复西奈的安全和稳定，后又宣布未来 2～3 年内将在西奈半岛启动一项总额 56

亿美元的建设项目，用于促进当地民生，铲除滋生恐怖主义的土壤。但无论是武力弹压还是发展经济，塞西均未提出详细计划，凸显埃及反恐困境。

三是恐怖组织趋于多元。经过多年发展后，埃及的恐怖组织已呈"三分天下"格局。首先是"伊斯兰国"支系，包括"西奈行省"，主要盘踞在西奈半岛活动，其人员上千，拥有重武器；"埃及哈里发战士"，成立于 2014 年 9 月，据称 3 次针对基督教堂的袭击均是该组织所为。其次是"基地"组织支系，包括"埃及战士"，2014 年 1 月成立，随后在开罗及附近地区制造了多起袭击行动，主要针对变电站、旅游设施等经济目标，2017 年 10 月，该组织 13 名成员被判死刑；"伊斯兰支持者"，2017 年 11 月 3 日出现，宣称制造了 10 月 20 日埃及西部沙漠多名警察被杀的恐袭行动；"伊斯兰之军"，2013 年 9 月成立，宣称对北西奈拉法口岸一个埃军哨卡的自杀式袭击负责，声称多次向以色列发射火箭，其可能与也门的"基地"组织有关。最后是涉穆兄会相关派别，包括"裁决运动"，2016 年夏季出现，主要袭击开罗的政府官员和军警目标，其理念为伊斯兰和"亲革命"，而非"圣战"，2017 年 10 月 1 日。为支持罗兴亚人向开罗缅甸使馆投掷爆炸装置；"革命旅"，亲穆斯林兄弟会，主要在开罗及埃及南部地区活动。这些恐怖组织在理念、手法和战术上存在差异甚至分歧，如"基地"系恐怖组织通常与"伊斯兰国"系对立，还有一些组织公开反对袭击平民，但在打击塞西政府上则目标一致。

未来，埃及的反恐形势仍将严峻。一方面，由于埃及政府严格管控媒体，特别是禁止外国记者进入西奈半岛地区，当地恐患的严重程度很可能超出预期；另一方面，由于政府拒绝与穆兄会和解，很可能令更多的亲穆兄会势力转趋激进。目前，埃及的经济改革正值"攻坚阶段"，转型过程仍很脆弱，正是最需要外部稳定的关键时刻。安全局势恶化，极可能对埃及的经济复苏造成冲击。

第七章

海合会危机：原因及影响

2017 年 6 月，海湾国家合作委员会（简称海合会）爆发史上最严重的分裂危机。沙特、阿联酋、巴林三国联合埃及，突然宣布与卡塔尔断绝外交关系，并对其实施陆海空全面封锁。危机在短期内快速发酵，中东地区和非洲之角多国卷入。双方敌对局面持续至今，海合会裂痕不断扩大，对阿拉伯国家集团、中东地缘格局及域外大国政策等造成持久且深远的影响。

一 事件及发展

1. 地区多国卷入

直接引爆海合会危机的是一场扑朔迷离的"黑客"事件。2017年 5 月，卡塔尔官方通讯社发布国王塔米姆·本·哈马德·阿勒萨尼的讲话稿，公开支持伊朗、哈马斯、黎巴嫩真主党和以色列，称"伊朗是不容忽视的伊斯兰大国""稳定地区形势的重要力量""对抗伊朗是不明智的举动"等，讲话稿在阿拉伯国家中引起轩然大波。虽然卡塔尔政府随即声明网站遭"黑客"袭击，该讲话系伪造，并力邀美国中情局介入调查，但事件影响已经造成且不断扩大化并逐渐失控。

　　6月5日，沙特、阿联酋、巴林、埃及四国先后发难，严厉谴责卡塔尔资助地区恐怖主义，散播"基地"组织和"伊斯兰国"的极端意识形态，干涉埃及、阿联酋等国内政，破坏地区和平与稳定，宣布与卡塔尔断绝外交关系，召回本国外交使节。同时，对卡塔尔施加"除战争外可以使用的最严厉制裁"①：驱逐境内卡塔尔公民；关闭沙卡边境，封锁卡塔尔陆上唯一通道；禁止卡塔尔飞机、船只进入或通过其领海领空；查封半岛电视台在沙特、阿联酋的海外机构；将与卡塔尔有关联的59名个体、12个实体列入支持恐怖主义名单。②沙特央行还建议全面冻结与卡塔尔的金融业务。随后，也门、马尔代夫、科摩罗、毛里塔尼亚、塞内加尔、乍得③等国以及利比亚托布鲁克政府也加入沙特阵营，纷纷与卡塔尔断交；吉布提、约旦、尼日尔则宣布将与卡塔尔的外交关系降级。

　　从事后看，沙特等国意在通过强大的外交压力和制裁行动，迫使卡塔尔屈服让步，但结果并未如愿。危机爆发后，土耳其立即对卡塔尔予以声援，称封锁行为"违反国际法"，无助于解决问题。土总统埃尔多安承诺向卡塔尔提供食品和饮用水，"直至危机解决"；土议会通过法案，紧急授权向卡塔尔派遣军队，助其训练宪兵部队，开展联合军演等。伊朗总统鲁哈尼与卡塔尔国王通电话表示支持，同时以实际行动助卡对抗封锁，向卡塔尔开放领空领海、提供日常物资

---

① 丁隆：《海合会：决裂只是时间问题?》，《世界知识》2017年第19期，第52页。
② "Gulf States Hint at Possible Expulsion from Regional Bloc", *The Guardian*, July 2017. https://www.theguardian.com/world/2017/jul/17/gulf-states-hint-at-possible-expulsion-of-qatar-from-regional-bloc（上网时间：2017年11月）。
③ 乍得自2017年6月8日宣布与卡塔尔外交降级，8月23日起全面断绝与卡塔尔的外交关系。

和航空中转站，仅每日向卡塔尔运送的水果和蔬菜就多达 1100 吨。①

至此，中东、非洲已有近二十个国家和地区政权围绕沙特与卡塔尔的争端"选边站队"，地区各行为体立场分歧逐渐公开化，海合会危机也从阿拉伯国家集团内部外溢到整个伊斯兰世界。

2. 各方调停失败

危机爆发后，国际社会呼吁沙、卡消除分歧，以对话和沟通化解危机。同为海合会成员国的科威特表达了斡旋意愿。美国国务院亦多次敦促海湾国家尽快协商，拿出"合理且可行"的解决方案。6月 22 日，沙特等国向卡塔尔开出"和解"的 13 项条件，主要内容包括：中止与伊朗的外交、军事和情报合作，驱逐伊朗伊斯兰革命卫队成员；移交卡塔尔境内所有涉恐分子，切断与所有恐怖组织的联系，严禁向其提供任何资助，涉恐人员和组织名单由沙特等国提供；立即关闭半岛电视台、中东眼等一系列"反动"媒体；关闭土耳其在卡境内军事基地，清除土在海湾的军事存在；停止干涉海湾国家内政，停止支持他国反对派等。② 其他还有一些条款带有明显的惩罚性质，如要求卡塔尔赔偿近年来因其"错误"政策造成的损失；承诺未来在政治、经济、军事、社会等事务上与其他海湾国家保持一致，决策前必须与沙特等国协商；接受海合会监督，定期汇报其内政外交情况③。这 13

---

① Arash Karami, "With Qatar Isolated by GCC, Iran Steps in", *The Al – Monitor*, June 2017. http：//www. al – monitor. com/pulse/originals/2017/06/iran – qatar – rouhani – emir – thani – phone – call – blockade – criticism. html（上网时间：2017 年 11 月）。

② "Qatar Given 10 Days to Meet 13 Sweeping Demands by Saudi Arabia", *The Guardian*. http：// www. theguardian. com/world/2017/jun/23/close – al – jazeera – saudi – arabia – issues – qatar – with – 13 – demands – to – end – blockade（上网时间：2017 年 11 月）。

③ 自协议达成起第一年每月一报，第二年每季度一报，此后每年一报，持续十年；报告内容及监督期限等均由沙特等国决定。"Arab States Issue 13 Demands to End Qatar – Gulf Crisis", *The Al – Jazeera*, July 2017。

条被卡塔尔视为对其主权的"羞辱与侵犯"，遭到严厉拒绝。双方互不相让，陷入僵持。

此后，数次调停努力都宣告失败。7月，美国国务卿蒂勒森穿梭访问科威特、卡塔尔、沙特等国，但各方反应冷淡；9月，美欲借联合国大会召开之机促成各方面当面协商，未果；10月，蒂勒森再访中东，推动沙卡和解，仍未达预期目的。12月，海合会年度峰会在科威特国王萨巴赫的积极推动下如期召开，但仅有科威特和卡塔尔两国元首到场，巴林、阿曼派出副首相，沙特、阿联酋仅派外交大臣参会，明确表示了不愿与卡塔尔对话的消极态度。原定为期两天的会议仅持续数小时便匆忙闭幕。此外，在会议召开当天，沙特与阿联酋两国宣布在海合会框架外成立新的双边联合委员会，旨在"协调两国在军事、政治、经济、贸易和文化领域中的合作"。沙特王储小萨勒曼和阿联酋阿布扎比王储穆罕默德是委员会的主要推动者，未来或吸纳巴林为第三名成员，但科威特、阿曼和卡塔尔被排斥在外。[①] 这种"另起炉灶"的行为无疑将进一步削弱海合会的凝聚力，使其加速滑向分裂与瓦解的边缘。

3. 卡塔尔绝地求生

海合会危机给卡塔尔带来了巨大冲击，其食物进口的主要通道被切断，数十亿美元资产在短期内被迅速撤出，国家主权信用评级也出现短暂波动。卡政府一直摆出积极姿态，强调希望"对话解决"冲突，但事实上也无意做任何实质性的让步。卡塔尔一方面

---

① Simeon Kerr, "UAE and Saudi Arabia Forge Economic and Military Alliance", *Financial Times*. December 2017. https：//www. ft. com/content/f2306d1c – d99a – 11e7 – a039 – c64b1c09b482（上网时间：2018 年 1 月）。

坚决否认沙特等国指控的各项"罪状"，强调自己不仅是美国领导的反"伊斯兰国"联盟的积极参与者和坚定支持者，在伊叙战场上贡献了至关重要的反恐力量，而且一直致力于消灭地区恐怖主义的根源，包括促进年轻群体就业、向数十万叙利亚难民提供教育服务、资助社区项目等。另一方面寻求更多政治、经济和军事支持，为长期对抗做准备。一是进一步加强与土耳其、伊朗的合作，打造准战略同盟。危机爆发以来，卡塔尔与土耳其高层领导频繁会晤，两国军事、经济关系不断深化。卡向土提供新的贸易优惠协议，半年内双边贸易额增长 30% 以上，并计划于 2018 年向土追加投资 190 亿美元，其中 6.6 亿美元专门用于支持土农业和畜牧业发展。[①] 2017 年 8 月，卡塔尔全面恢复了与伊朗自 2016 年 1 月以来中断的外交关系，[②] 重新向德黑兰派遣大使，并发表声明呼吁全面提升两国经济合作。10 月，卡塔尔国王塔米姆在首都多哈会见伊朗外长扎里夫，商讨如何应对封锁、缓和地区局势等。二是拓展更多经贸关系，化解孤立困境。2017 年 10 月，卡塔尔国王访问东南亚印度尼西亚、马来西亚和新加坡三国，澄清其在反恐问题上的立场，寻求加大与远东地区经济体尤其是东盟国家在贸易、能源和投资方面的合作。[③] 12 月，卡塔尔国王出访马里、布基纳法索、科特迪瓦、加

---

① "How Turkey Stood by Qatar Amid the Gulf Crisis", *The Al - Jazeera*, November 2017. http：// www. aljazeera. com/news/2017/11/turkey - stood - qatar - gulf - crisis - 171114135404142. html （上网时间：2017 年 12 月）。

② Declan Walsh, "Qatar Restores Full Relations with Iran, Deepening Gulf Feud. " *The New York Times*, August 2017. http：//www. nytimes. com/2017/08/24/world/middleeast/qatar - iran - boycott - saudi - arabia. html （上网时间：2017 年 12 月）。

③ Giorgio Cafiero, "ASEAN and the Qatar Crisis", *The Atlantic Council*, November 3, 2017. http：// www. atlanticcouncil. org/blogs/new - atlanticist/asean - and - the - qatar - crisis （上网时间：2017 年 12 月）。

纳、几内亚、塞内加尔西非六国，为航空运输、体育和粮食安全等重要领域的双边合作铺平道路。2018 年 1 月，卡塔尔与阿曼签署新的谅解备忘录，旨在推动双边贸易和投资发展。备忘录还涉及从阿曼向卡塔尔出口粮食产品的系列协议，体现了两国之间"牢固的合作关系"①。三是加大对美国的游说力度，与沙特展开公关竞赛。海湾国家均是美国的传统盟友，海合会分裂使美处于两难境地。但随着危机持续发展，美越来越倾向于积极调停。卡抓住这一时机，雇用了 7 家咨询公司，花费 500 多万美元，对美政府展开密集游说。②2017 年 7 月，卡塔尔与美国签署共同打击恐怖主义融资的协议，以此作为反击沙特等国指控的有力"武器"。2018 年 1 月底，在卡塔尔的积极推动下，美国—卡塔尔战略对话机制启动。卡除与美在民航、反恐以及网络安全等领域达成多项合作协议外，还得到美方明确承诺，即"愿与卡塔尔共同努力，阻止和应对违反联合国宪章、影响卡塔尔领土完整的外部威胁"③，增加了卡塔尔与沙特分庭抗礼的底气。

此外，卡塔尔近期还在境内最大港口哈马德港开辟两条新航线，分别连接地中海和东亚、东南亚地区，同时投资 4.44 亿美元在港口附近兴建 53 万平方米的食品仓库和相关设施；加快推进国

---

①　"Qatar Signs MoU with Oman Amid Gulf Crisis", *Daily Sabah Economy*, January 28, 2018. https：//www. dailysabah. com/economy/2018/01/28/qatar - signs - mou - with - oman - amid - gulf - crisis（上网时间：2018 年 2 月）。

②　Bethany Allen - Ebrahimian, Rhys Dubin, "Qatar's Ramped - Up Lobbying Efforts Find Success in Washington", *The Foreign Policy Report*, February 6, 2018. http：//foreignpolicy. com/2018/02/06/qatars - ramped - up - lobbying - efforts - find - success - in - washington/（上网时间：2018 年 2 月）。

③　Joint Statement of the Inaugural United States - Qatar Strategic Dialogue, U. S. Department of State, Press Releases, January 2018. 参见 https：//www. state. gov/r/pa/prs/ps/2018/01/277776. htm（上网时间：2018 年 2 月）。

家粮食安全项目，计划在 2024 年之前使粮食自给率达到 70%，减少食品严重依赖进口导致的战略脆弱。沙特、阿联酋等国的封锁与制裁效果逐渐消失，卡塔尔已做好长期对峙的准备。

二 背景及原因

海合会自 1981 年成立以来，曾数次爆发内部矛盾，近年来主要是沙特与卡塔尔的立场分歧日益扩大。2002 年，卡塔尔半岛电视台播放有关沙特政治反对派的纪录片，导致沙特召回驻卡塔尔大使达六年之久；[①] 2014 年，双方又因对埃及"7·3"事变及穆兄会态度不同而产生龃龉，沙特联合阿联酋、巴林召回驻卡塔尔外交代表，紧张关系持续八个月后缓解。[②] 此番危机看似沙卡矛盾"旧剧重演"，但分歧严重程度远甚于前，既是沙特集团与卡塔尔新仇旧怨的累积，也是地区国家力量对比变化所致，由于恰逢中东局势整体动荡、域外大国政策调整、各方因素错综复杂，导致危机扩大化、常态化。

1. 本质是阿拉伯国家发展道路及主导权之争

沙特、阿联酋、卡塔尔、科威特、巴林和阿曼等海湾阿拉伯国家宗教文化相通、政治体制相同、经济模式相似、利益趋近，在地区事务中"抱团取暖"、协调程度较高；由其组建的次区域组织

---

① Philip Gordon, Amos Yadlin, Ari Heistein, "The Qatar Crisis: Causes, Implications, Risks, and the Need for Compromise", *The Institute for National Security Studies*, *Special Publication*, June 13, 2017. http：//www. inss. org. il/publication/qatar – crisis – causes – implications – risks – need – compromise/（上网时间：2017 年 11 月）。

② David Roberts, "Qatar Row: What's Caused the Fall – out Between Gulf Neighbors", *The BBC News*, June 2017. http：//www. bbc. com/news/world – middle – east – 40159080（上网时间：2017 年 11 月）。

"海湾国家合作委员会"整体运转良好，致力于持续推进成员国间军事合作、贸易投资和市场一体化，这在长期乱象纷呈、支离破碎的中东地区殊为难得。2001 年"9·11"事件后，美国提出"大中东计划"，政治上用西方民主改造伊斯兰国家，经济上推广私有化和自由市场化，迫使一些阿拉伯国家仓促进入转型与变革的"快车道"，内部不安定因素逐渐累积。2011 年，"阿拉伯之春"大潮席卷中东，重创埃及、叙利亚等传统强国，但海湾国家得以幸免，成为地区乱局中的"安全岛"。沙特、卡塔尔借机在阿拉伯世界推销其意识形态，插手他国内政，扩张影响力。在此过程中，双方分歧与矛盾日益显露。

核心矛盾是对政治伊斯兰的态度不同。卡塔尔代表着海湾君主国家中的革新力量，其统治者自 20 世纪 90 年代中期开始推行内部改革，以宽容的宗教信仰和现代化的发展道路为主要方向：扩大政府的开放性和大众参与度，赋予女性政治权利；大胆挑战阿拉伯世界的政治、文化禁锢，扭转社会保守风气；注重提升软实力，创建"半岛电视台"并推动其国际化，培育其在地区乃至全球的舆论影响力。卡塔尔王室赞成公民投票，2003 年经全民公决确立了"永久宪法"，充实并保障议会权力，为日后实现君主立宪，甚至议会制民主预做准备。简言之，卡塔尔认同伊斯兰现代主义理念，即仰慕现代的物质进步，对西方政治制度也力主接轨、吸收、改造和创新，但在文化上坚持伊斯兰价值，[①] 认为"穆斯林兄弟会"（穆兄

---

① 昝涛：《从世界历史看后 IS 时代的中东》，《环球时报》2017 年 12 月 6 日，http：//opinion. huanqiu. com/hqpl/2017 – 12/11425283. html（上网时间：2018 年 1 月）。

会）等政治伊斯兰组织能引领阿拉伯国家未来的发展方向。[①] 在
"阿拉伯之春"中，卡塔尔联手土耳其大力支持穆兄会势力，向其
提供资金援助，通过"半岛电视台"的强大宣传网络直播"革
命"、煽动民情，协助穆兄会在突尼斯、利比亚、埃及等国掌权。
但沙特、阿联酋等保守国家，以瓦哈比主义为官方意识形态，是伊
斯兰传统主义的典型代表，视"街头革命""民意选举""政治改
革"为洪水猛兽，惧怕"阿拉伯之春"带来多米诺骨牌效应、威
胁其王权统治，对穆兄会严厉打压，将其认定为恐怖组织，因此对
卡塔尔的所作所为极为不满。沙特、阿联酋与卡塔尔的矛盾，实质
上反映了阿拉伯国家在伊斯兰主义前提下对具体发展道路的深刻
分歧。

地区政策直接对立，双方竞争加剧。卡塔尔在发展道路上特立
独行，在地区政策上更不甘心做沙特的"附庸"，加之巨额财富主
要来源于天然气而非石油，经济上亦可不受沙特制约。[②] 与海合会
其他国家相比，卡塔尔实力上升较快，政策独立的空间大，利益又
往往与沙特背道而驰，近年来越来越热衷于在不同国家扶植代理
人，与沙特、阿联酋等争夺地区的控制权和影响力。在埃及，卡塔
尔支持代表穆兄会势力的穆尔西政府，该政府倒台后仍继续向穆兄
会力量提供庇护；沙特和阿联酋则支持代表世俗威权势力的塞西政

---

① Eric Trager, "The Muslim Brotherhood Is the Root of the Qatar Crisis", *The Washington Institute for Near East Policy*, July 2017. http：//www. washingtoninstitute. org/policy – analysis/view/the – muslim – brotherhood – is – the – root – of – the – qatar – crisis（上网时间：2017 年 11 月）。

② Marc Champion, "Saudi Dispute with Qatar Has 22 – Year History Rooted in Gas", June 2017. https：//www. bloomberg. com/news/articles/2017 – 06 – 06/saudi – arabia – s – feud – with – qatar – has –22 – year – history – rooted – in – gas（上网时间：2017 年 11 月）。

府，大力协助其清算穆兄会势力。在叙利亚，虽然沙、卡都反对阿萨德执政，但卡塔尔支持与穆兄会相关的反对派武装，沙特则支持萨拉菲等宗教色彩浓厚的反政府武装。在巴勒斯坦，卡塔尔力挺"哈马斯"，[1] 沙特、阿联酋则坚定支持"法塔赫"。在利比亚，沙特和阿联酋、埃及联手支持由卡扎菲旧部领导的世俗武装，卡塔尔、土耳其则支持伊斯兰主义者主导的民兵组织。在与阿拉伯半岛隔海相望的非洲之角地区，沙特与卡塔尔也急于寻找不同的合作伙伴，展开海外军事基地竞赛，拓展各自的军事存在。卡塔尔的"小国大外交"政策频繁挑战沙特在海合会乃至阿拉伯世界的领导地位，早已为两国关系恶化埋下伏笔，双方围绕地区主导权爆发冲突只是时间问题。

2. 沙特与伊朗对抗升级导致同盟内部分歧放大

20世纪80年代初海合会成立时的初衷即是对抗伊朗。1979年伊朗伊斯兰革命成功后，将海湾阿拉伯君主国视为"非法政权"，意图向其输出"革命"，鼓动并支持其内部什叶派力量推翻逊尼派王权统治。海湾国家为联合自保，成立合作委员会，推动政治协调、军事合作和经济一体化，并组建了联合军事力量"半岛之盾"。沙特因其体量和影响力，成为海合会当仁不让的"领头羊"，也是反伊、遏伊的急先锋。但其他成员国或由于教派属性和什叶派人口比例，或与伊朗的地理距离、共同利益有差异，对伊朗威胁的认知并不完全一致。巴林、阿联酋主张对伊强硬，坚决遏制其崛起，在政治与外交上与沙特保持一致；阿曼、科威特、卡塔尔则相

---

[1] Kyle Orton, "Qatar and the Gulf Crisis", Published in 2017 by the Henry Jackson Society, p. 29.

对温和，主张与伊朗接触、对话，缓和海湾紧张局势。尤其是卡塔尔与伊朗有直接利益关系，共享波斯湾"北方气田"（伊朗称为"南帕斯天然气田"）的所有权，经济上相互依存度高。该气田探明储量位居世界第一，总面积约9700平方公里，其中62%位于卡塔尔水域内，是卡国家财富的主要来源，也是卡与伊朗发展合作关系的坚实基础和强大动力。[①]

长期以来，海合会内部这些分歧并未对团结构成严重影响，但随着地缘格局变化、沙特与伊朗对抗加剧，情况开始发生变化。一方面，分歧被不断放大。伊核协议签订后，国际制裁逐渐取消，伊朗回归为正常国家，沙特等对此极为不满，但部分海合会成员则主张将伊朗逐渐纳入区域经济和安全框架，以共同利益取代制裁对伊朗形成牵制。"伊斯兰国"在伊拉克、叙利亚兴起后，科威特等国主张与包括伊朗在内的地区国家合作，对抗极端主义与恐怖主义的共同威胁，沙特却坚持认为伊朗对阿拉伯世界的渗透才是根本的威胁。伊朗则抓住机会拉拢海湾温和派小国，[②]对海合会内部分歧扩大起到了推波助澜的效果。另一方面，沙特战略焦虑感剧增，对同盟内部分歧的容忍度下降。经历"阿拉伯之春"、叙利亚危机、"伊斯兰国"崛起后，伊朗地区影响力不断上升。目前，伊朗已打通伊拉克、叙利亚和黎巴嫩的所谓"什叶

---

① Susan Kurdli, "The Energy Factor in the GCC Crisis", *The Al - Jazeera*, July 2017. http：//www. aljazeera. com/indepth/opinion/2017/07/energy - factor - gcc - crisis - 170723071047556. html （上网时间：2017 年 11 月）。

② Danlel Wagner and Glorgio Caflero, "Iran Exposes the Myth of GCC Unity", *The Huffington Post*. https：//www. huffingtonpost. com/daniel - wagner/iran - exposes - the - myth - of - _ b_ 8102532. html （上网时间：2018 年 1 月）。

派走廊"，"什叶派新月带"隐然成型；支持也门胡塞武装，威胁沙特内陆腹地安全，使沙特深陷战争泥潭无法脱身；拉拢阿曼，加强霍尔木兹海峡两岸合作等。沙特日居下风，急于翻盘，一方面四处出击截堵伊朗，另一方面整合盟友体系打造反伊同盟。在这种情况下，沙特急于清除海合会内部隐患，对卡塔尔发难亦是整肃门户之举。

3. 美国中东政策调整推动地区国家矛盾升级

作为在中东最有影响力的域外大国，美国特朗普政府的地区政策调整是海合会危机爆发的催化剂。2017 年初特朗普上台执政后，全面扭转了奥巴马政府在中东"战略收缩"的态势，将中东作为兑现"美国优先"理念的重点，重组美国在中东的利益，重申对盟友的安全承诺，重塑地区主导权。其政策核心是反恐和遏制伊朗，维护美国的国家安全。在特朗普看来，中东恐怖主义是美国利益的最大威胁，而伊朗是地区最大的不稳定根源，反恐与遏伊的目标在本质上一致；但考虑到伊拉克战争、利比亚战争以及"阿拉伯之春"失败的惨痛教训，美国又不愿深度卷入中东事务，不愿在中东继续耗费资源。因此，依靠沙特等核心盟友，鼓励地区盟友加大投入、主动出击，是特朗普落实其中东政策的基本思路。5 月底，特朗普将沙特作为其上任后首访的第一站，与沙特签订千亿美元巨额军购协议，出席沙特一手安排的美沙首脑峰会、美国—海合会峰会及美国—阿拉伯—伊斯兰国家峰会，事实上认可沙特在阿拉伯国家和伊斯兰世界的"盟主"地位，给了沙特一展地区雄心的底气。在沙特访问期间，特朗普还高调谴责伊朗"加剧地区教派冲突""支持恐怖主义"，明确支持沙特的反伊朗立场，称对沙特军售即是助其抵御"邪恶的伊朗影响"，呼吁伊斯兰国家采取行动"自救"。① 在沙特的提议下，美国还与海合会国家签署《打击恐怖主义融资的谅解备忘录》，成立"打击极端主义意识形态全球中心"及"反恐怖主义洗钱中心"。特朗普的沙特之行被视为美对沙特惩罚卡塔尔的行为开了"绿灯"，之后不到半个月，沙卡之间的危机就突然爆发。特朗普甚至暗示自己对断交及封锁事件知情，称这"或将是结束恐怖主义的开端"。

卡塔尔与沙特之间的分歧，实际上反映了奥巴马政府与特朗普政府在中东政策模式的差异，② 特朗普对前任政策的否定和调整，必然导致沙卡矛盾激化。奥巴马执政期间，对"阿拉伯之春"寄予厚望，积极推动伊斯兰国家的民主改造，支持卡塔尔和穆兄会势力；在对伊朗问题上，主张和解，推动核问题谈判，通过对话与接触将伊朗拉入全球化进程，"化解"其意识形态的"极端性"和"攻击性"，阻止其与俄罗斯进一步靠近。奥巴马的政策与卡塔尔的逻辑相近，但美与沙特、以色列等国的关系则因此渐行渐远。特朗普的套路与奥巴马大相径庭，他对中东国家的民主和人权状况不感兴趣，只关心美国的核心利益。沙美合作代表着美国在中东政策的新模式，沙特重新成为美地区盟友体系的重要支点，卡塔尔遭到"清算"或许并不令人感到意外。

---

① "What Did Donald Trump Achieve in the Middle East?", *The Economist*, May 2017. 参见 https：//www. economist. com/news/middle – east – and – africa/21722632 – not – much – saudi – and – israeli – governments – are – delighted – what – did – donald（上网时间：2017 年 11 月）。

② "The Saudi – Qatar Tensions：Real Reasons", April 2017. 参见 https：//www. geopolitica. ru/en/ agenda/saudi – qatar – tensions – real – reasons（上网时间：2017 年 11 月）。

三 影响及前景

1. 阿拉伯世界进一步分裂，失序困境无解

海合会危机撕裂了阿拉伯世界最后一块稳定、富庶的"安全岛"，也使唯一一个还在正常运转的阿拉伯区域组织陷于停滞。[①]这是继海湾战争、伊拉克战争、"阿拉伯之春"和叙利亚战乱之后，阿拉伯世界遭受的又一次重大冲击，阿拉伯内部混乱、失序和对抗进一步加深，阿拉伯民族团结与复兴的希望更加渺茫。作为中东的主体民族，阿拉伯人曾长期主导着地区权力格局，引领地区发展，但近二十年来其实力、地位和话语权都在不断下降；波斯人（伊朗）、突厥人（土耳其）的影响力不断上升，逐渐走向地区政治的中心。究其原因，核心症结在于阿拉伯地缘版图四分五裂，内部矛盾重重，相互掣肘，资源内耗，给了外部势力插手和操纵的良好机会。事实上，阿拉伯民族主义和泛伊斯兰主义都是从意识形态方面整合阿拉伯世界的努力，而海合会则可视为在制度层面进行局部整合的尝试，但目前看都不成功。

与中东其他地区组织相比，海合会在区域整合方面曾取得一定成效。该组织自建立之初就确立了各成员国在经济、文化、外交、安全等领域协调合作、推进一体化的目标，并取得了一系列进展。1983 年建立海合会自由贸易区，1999 年提出建立关税同

[①] Gideon Rachman, "The Qatar Crisis Has Global Implication", *The Financial Times*, June 2017. 参见 http://www.ft.com/content/7bfa0d0a–5444–11e7–9fed–c19e2700005f（上网时间：2017 年 11 月）。

盟，2000 年开始为统一货币做准备，2007 年启动共同市场计划，等等。此外，海合会还确立了集体磋商机制，定期召开首脑会议、部长级会议等，以协调在地区事务中的立场，采取联合行动。2009 年，海合会又通过"海湾共同防御协议"，计划在"半岛盾牌"联合快反部队的基础上，再组建一支联合部队，以加强军事合作和集体防御能力。2001 年，海合会甚至将组织扩容提上日程，计划先后接纳也门、约旦和摩洛哥为新会员。但是，总起来看，一系列的整合仍然无法减少各成员国在宗教、政治等问题上的利益冲突。尤其 2011 年发生"阿拉伯之春"后，海合会内部摩擦不断，凝聚力下降，分裂风险上升。此次危机中，卡塔尔遭邻国制裁，相关国家与卡塔尔人员、货物自由流动戛然而止。沙特、阿联酋、巴林三国立场一致，联合向卡塔尔施压，并威胁将其"开除"，但显然并未得到科威特和阿曼的认同，只能进一步暴露海合会内部严重分歧及沟通协调机制失效。① 目前僵持对峙的局面已持续八个月之久，海合会陷入阶段性瘫痪，可以预期，未来不管该组织是否能在形式上维持完整，事实上的分裂已然形成，成员国间的互信已被摧毁。继阿拉伯国家联盟和马格里布联盟之后，区域整合的制度尝试恐将遭遇又一次失败，阿拉伯世界的碎片化程度不断加深。

2. 地缘格局由两极竞争走向三角制衡，地区动荡加剧

以沙特为代表的逊尼派和以伊朗为代表的什叶派之间的竞

---

① Frank A. Verrastro & Jon B. Alterman, "Qatar Crisis: Turmoil in the GCC", *The Center for Strategic & International Studies*, June 2017. http://www.csis.org/analysis/qatar-crisis-turmoil-gcc（上网时间：2017 年 11 月）。

争和对抗，是近年来中东地缘政治冲突的主线之一。2016 年 1 月，沙特与伊朗断交，地区国家"以伊画线"，选边站队，两大阵营对立越发鲜明。但此次海合会危机从根本上改变了这一格局，暴露出逊尼派内部裂痕；卡塔尔遭到沙特、阿联酋等国联手孤立，其离心倾向将长期存在，或与土耳其加紧抱团，形成中东地缘政治格局中除沙特、伊朗外的第三大集团。该集团与沙特"同而不合"，虽同属逊尼派，却在穆兄会问题上立场截然相反，且因事关政权安全，矛盾同样不可调和；与伊朗有较多共同现实利益，在本轮危机中相互呼应，但意识形态根基不同，且受美国压力与教派制约，也不可能完全投入伊朗阵营。未来，卡塔尔—土耳其集团将更多视具体问题选择立场，在沙特、伊朗之间保持动态平衡。中东地缘格局正从两极对立转向更为复杂的三角互动。

地区局势动荡加剧，各方矛盾冲突将更加频繁、更难预测。一是中东地区极化程度加深。一方面，伊斯兰世界内部要求维持现状者与旧权力格局的挑战者之间矛盾公开化，[1] 集中表现为沙特、阿联酋与土耳其、卡塔尔之间的对立；另一方面，沙伊博弈继续朝着有利于伊朗的方向发展，海合会危机更令伊朗坐收渔翁之利，沙特集团未来的地区政策将更趋激进，沙伊缓和的可能性进一步减少。二是联合反恐的努力恐被削弱。卡塔尔乌代德空军基地是美国在中东最大的军事基地，美军中央司令部指挥中心亦设于卡

---

① Talha Kose & Ufuk Ulutas, "Regional Implications of the Qatar Crisis: Increasing Vulnerabilities", SETA Perspective No. 31, June 2017, p. 4.

境内，美欧在中东的反恐行动需要卡塔尔政府在后勤与情报方面提供积极配合;[1] 土耳其是北约成员，紧邻叙危机的"风暴中心"，其境内的因契尔利克空军基地对于国际反恐联盟在伊、叙战场的空中行动至关重要。卡、土抱团增加了两国在国际反恐合作中的议价能力，若其与沙特、阿联酋的分歧继续扩大，必将分化地区反恐合力，削弱国际联盟打击"伊斯兰国"等极端组织的行动。三是危机外溢，引发非洲之角局势波动。毗邻红海与亚丁湾的非洲之角地区与海湾经贸关系密切、宗教信仰接近，不仅严重依赖来自海湾的投资、援助，而且有大量侨民在海湾国家务工。2015年也门危机升级后，沙特、阿联酋和埃及等国为配合在也门的军事行动，又相继在非洲之角开辟军事基地，增加海陆驻军。与此同时，卡塔尔、土耳其也打着反恐、维和、人道援助等旗号，在该地区增加军事存在、培植代理人。此次海合会危机爆发，非洲之角国家（准国家政权）被迫选边站队，厄立特里亚、吉布提、索马里兰等支持沙特、阿联酋，索马里与卡塔尔、土耳其绑定，埃塞俄比亚试图在危机中保持中立，但被沙特等国以"驱逐劳工"为手段，迫其与卡塔尔断交。[2] 卡塔尔为抗议厄立特里亚和

---

[1] Kenneth Katzman, "Qatar: Governance, Security, and U. S. Policy", *Congressional Research Service*, December 27, 2017, p. 16.

[2] 埃塞俄比亚约有50万人在沙特务工，其中数万人缺少完备的身份文件或证明；侨汇是埃塞俄比亚外汇收入的重要部分。Rashid Abdi, "A Dangerous Gulf in the Horn: How the Inter - Arab Crisis Is Fuelling Regional Tensions", *Commentary of International Crisis Group*, August 2017. http://www.crisisgroup.org/middle - east - north - africa/gulf - and - arabian - peninsula/dangerous - gulf - horn - how - inter - arab - crisis - fuelling - regional - tensions（上网时间：2017年11月）。

吉布提追随沙特，从两国争议地区杜梅伊拉岛撤回维和人员，[①] 致使其边界冲突风险暴增。原本脆弱的地区局势在海合会危机冲击下，变得更加不稳定。

3. 地区国家对大国依附需求增强，美俄开辟博弈新战场

海合会危机意味着美整合盟友体系的政策局部失败，美在中东陷入左右为难境地。此次危机中，对立方均是美在中东的铁杆盟友，沙特在美默许下对卡塔尔发难，意在清理门户；卡塔尔与美签署防卫合作协议在先、实现战略对话在后，有恃无恐。可以说，与美的"特殊关系"是双方地区政策的"底气"，而冲突结果明显与美初衷相悖、威胁美在该地区的利益。[②] 特朗普政府依靠盟友打造"反伊统一战线"的尝试遭遇挫折，暴露其中东政策的双重困境：一是美有意"减负"，鼓励盟友在地区事务中承担更多责任，却造成盟友利益多样化、外交政策自主化，对美利益形成冲击，削弱美对盟友的控制力；[③] 二是美追求政策目标的有限性，集中力量反恐、遏伊，不愿在重建地区秩序方面过多投入，导致地区原本被压制的矛盾显露，各国不安全感持续上升，借力域外大国保证安全的

① "Pressuring Qatar: What Happens in the Gulf Doesn't Stay in the Gulf", *Commentary of International Crisis Group*, July 2017. https://www.crisisgroup.org/middle-east-north-africa/gulf-and-arabian-peninsula/qatar/pressuring-qatar-what-happens-gulf-doesnt-stay-gulf-1（上网时间：2017年11月）。

② Jeffrey Stacey, Bassima Al-Ghussein, "Crisis Not Averted: Why the Rift Between Gulf Countries Endangers America's Security", *The National Interest*, December 2017. http://nationalinterest.org/feature/crisis-not-averted-why-the-rift-between-gulf-countries-23750（上网时间：2018年1月）。

③ Karl P. Mueller, Becca Wasser, Jeffrey Martini, Stephen Watts, "U.S. Strategic Interests in the Middle East and Implications for the Army", *The RAND Corporation*, December 2017. https://www.rand.org/pubs/perspectives/PE265.html（上网时间：2018年2月）。

需求空前增强，反而将迫使美追加承诺，以防战略对手乘虚而入。卡塔尔危机爆发后，特朗普明显偏向沙特，国务院和五角大楼却声援卡塔尔，这固然可以视为美决策层内部分歧，但也反映出美不愿也不能选边站的两难处境。[1] 美最终同意与卡塔尔建立战略对话机制，也是要"拉住"被孤立的盟友，阻止其倒向俄罗斯寻求支持。

即便如此，海合会危机还是为俄在中东继续扩张影响力、争取新战略支点提供了机会。俄自 2015 年 10 月强势介入叙利亚危机以来，与伊朗准结盟，与土耳其强化合作，势力范围快速突破北约黑海防线、向南深入中东腹地，[2] 一度形成"俄进美退"之势。但由于美在阿拉伯半岛，尤其是波斯湾地区根基深厚、控制力强，俄毫无插足空间，其推进势头止步于波斯湾一线。然而，此次海合会危机给了俄可乘之机。危机爆发后，俄高调劝和促谈，俄总统普京先后与土耳其、卡塔尔、埃及元首通话，倡导以政治和外交手段化解分歧；俄外长拉夫罗夫接待卡塔尔外长来访，力主涉事各方直接对话，立场倾向卡塔尔，赢得卡好感与信任。俄有意争取卡塔尔成为地区新伙伴，瞄准多重收益：一是拉拢卡塔尔既可巩固与土耳其的合作，又能推动三方在能源、军售和叙利亚问题上合作，目前卡已开始与俄商谈购买 S－400 防空导弹系统；[3] 二是分化美国盟友体

① Daniel Byman, William McCants, "The Danger of Picking Sides in the Qatar Crisis", *The Atlantic*, June 2017. https：//www. theatlantic. com/international/archive/2017/06/qatar－saudi－arabia－trump－isis－terrorism/530640/（上网时间：2017 年 11 月）。

② Frederick W. Kagan & Kimberly Kagan, Putin Ushers in a New Era of Global Geopolitics, ISW Report, September 27, 2015. http：//talos－iraq. com/wp－content/uploads/2015/09/CTP－ISW－Putin－Ushers－in－a－New－Era－of－Global－Geopolitics－1. pdf（上网时间：2017 年 11 月）。

③ "Qatar in Talks to Buy Russian Air Defence System", http：//www. middleeasteye. net/news/qatar－talks－buy－russian－air－defence－system－2086974601（上网时间：2018 年 2 月）。

系，离间美及其盟友关系；三是促成海合会分裂危机长期化，动摇欧洲市场对卡供气稳定性的信心，为俄本国天然气出口创造有利条件。至此，美俄除在叙利亚战场扶植代理人之外，又在卡塔尔开辟新舞台，双方均会尝试利用海合会危机、操纵沙卡关系以服务各自的中东政策；未来亦不排除在叙利亚、卡塔尔问题上进行利益置换的可能。

4. 美国政策是未来危机走向的决定性因素

海合会危机的走向及解决方式将直接影响当前地区热点问题。若卡塔尔最终做出让步，收缩其地区政策，减少对代理人的支持，那么利比亚将在沙特、阿联酋的主导下落入以哈夫塔尔为代表的世俗武装之手；"哈马斯"或因受资金短缺之困，进一步向土耳其和伊朗靠拢；[1] 也门穆兄会分支"伊斯兰改革集团"失去靠山，将被排挤出战后权力分配。若卡塔尔与土、伊、俄继续靠近乃至正式结盟，则会显著改变叙利亚问题上各方的力量对比，危及美国海外基地链和联合反恐阵营，甚至可能导致海湾地区的军事冲突。

虽然从长期看，各种现实因素终将迫使各方放弃对抗、寻求和解，但一系列负面影响已然形成，当前的外交僵局尚看不到破解的希望。事实已经证明，卡塔尔不会轻易妥协，并已做好长期对抗的准备；沙特、阿联酋和埃及也不太可能放弃其核心要求。尤其是对于沙特等国来说，中断与卡塔尔的贸易联系带来的损失极其有限，且维持对卡制裁的成本不高。参照沙特在也门的军事行动，在代价

---

[1] Gregg Carlstrom, "The Qatar Crisis Is Pushing Hamas Back to Iran", *The Atlantic*, June 2017. https://www.theatlantic.com/international/archive/2017/06/qatar-crisis-saudi-arabia-hamas-iran-syria-gcc-gaza/530229/ （上网时间：2017 年 12 月）。

高昂的情况下也已持续了三年，其外交政策的顽固性亦可见一斑。虽然科威特等国一直没有放弃斡旋的努力，但沙卡双方对话、退让的意愿不强，空间不大。

美国政策或成破局关键。所谓"解铃还须系铃人"，海合会危机是美地区盟友内部纷争，又与美政策调整有直接关系，美是唯一有能力亦有动力化解危机的域外大国。一方面，美目前仍是涉事各方安全保障的主要提供者，沙特、阿联酋、埃及和卡塔尔均依赖美国军售、军援维持其常规军事力量和基本自保能力。在经济上，沙特、阿联酋等能源输出国与美利益捆绑深、对美市场需求大，尤其需要借助美力量确保全球能源运输的自由与安全。美手中握有多张王牌，能对各方形成摧毁性压力，也能压沙、卡各退一步，做出必要妥协。另一方面，危机持续对俄罗斯、伊朗有利，对美不利。美不愿见到盟友内部分裂干扰其反恐、遏伊目标，亦不愿见盟友以适得其反的方式过度扩张脱离其控制，因此有动力调解沙、卡之间的矛盾。此外，卡塔尔对美国也寄予厚望，认为只需特朗普"一个电话"即可解决封锁，希望美尽快介入调停。虽然美调解危机的力度和方式最终仍要取决于特朗普愿意在多大程度上"保护"盟友的核心利益，但此次危机再次证明，在中东尚不具备稳定条件的情况下，美国仓促抽身，将会引发更多意想不到的混乱，危及其利益，迫使其不断"回头"。

第八章

从耶路撒冷风波看巴以局势

2017 年，巴以局势可谓一波三折。上半年，以、巴领导人与新任美国总统特朗普实现高层互访，和平进程一度出现积极势头。但到下半年，耶路撒冷发生针对犹太人的恐袭事件，以方加强在耶城中伊斯兰圣地的安保措施，酿成"阿克萨危机"，引发持续多日且愈演愈烈的流血冲突。事态尚未完全平息，12 月 6 日，特朗普宣布承认耶路撒冷为以色列的首都，并拟将美驻以使馆由特拉维夫迁往耶路撒冷，引起巴方乃至阿拉伯、伊斯兰世界强烈反弹，巴以局势再起波澜，本已陷于僵局的巴以和谈出现新的困境。

一 耶路撒冷问题因何举世瞩目

巴以冲突是二战以来持续时间最长、最为复杂的地区冲突。巴勒斯坦问题的实质，是阿拉伯和犹太两个民族对同一块土地的排他性争夺，长期以来一直是地区矛盾发展的主线，被称为"中东问题的核心"。21 世纪以来，随着伊拉克战争、伊朗核问题、"阿拉伯之春"及叙利亚混战等，特别是沙特阿拉伯领导的"逊尼派集团"与伊朗为首的"什叶派集团"对立加剧，巴勒斯坦问题在相当程度上被"边缘化"。但是，巴以问题仍然是中东地区矛盾的根源性问题，特别是耶路撒冷问题凝聚了犹太人和阿拉伯人的民族、宗教、历史、领土和现实利益争端。这些因素彼此交织，使耶路撒冷问题被称为"巴勒斯坦问题的核心"。

耶路撒冷问题的产生与巴以争端的由来一脉相承。1947年11月29日，联大通过了关于巴勒斯坦分治问题的第181号决议，决定建立阿拉伯国和犹太国，并规定"耶路撒冷市应建立为一个在特殊国际政权下的独立主体，并由联合国管理"①。1948年5月14日，英国委任统治结束，以色列国宣布成立。翌日，阿盟五国（埃及、伊拉克、约旦、叙利亚和黎巴嫩）向刚刚成立的以色列发动军事进攻，第一次阿以战争（也称"巴勒斯坦战争"）爆发。战争持续到1949年3月停火，以色列占领了耶路撒冷西区，并于当年12月11日决定"迁都"至此。1950年1月23日，以色列议会通过决议，宣布耶路撒冷为以色列永久首都。约旦占据了包括耶路撒冷东区在内的约旦河西岸，并宣布兼并东耶路撒冷。自此，形成耶路撒冷被以、约分割的既成事实，联合国也因此放弃了耶城"国际化"的努力。1967年第三次阿以战争后，以色列又从约旦手中夺取了东耶路撒冷，并单方面宣布耶城"统一"。此后，以色列通过兴建犹太人定居点等一系列措施着力推进耶路撒冷的"犹太化"进程，强化耶路撒冷的"犹太属性"，营造"既成事实"。但从阿拉伯、伊斯兰世界到国际社会，普遍视东耶路撒冷为"被占领土"。联合国大会、安理会和联合国教科文组织等先后通过多项

---

① 尹崇敬主编《中东问题100年》，新华出版社，1999，第45页。

相关决议，敦促以方撤离在第三次阿以战争中占领的土地，停止设立、修建和规划定居点等改变耶路撒冷地位的行动；确认以方没收土地和财产的立法和行政措施，以及改变耶城地理、人口统计和历史特征及其地位等做法无效。1980 年 7 月，以色列议会通过《基本法：耶路撒冷》，将耶路撒冷确定为"永恒与不可分割的首都"①，并将议会、总理府、外交部、最高法院等国家主要机构设在该城。此举遭到阿拉伯和伊斯兰世界一致反对，联合国安理会随即通过了第 478 号决议，确认该基本法构成了对国际法的侵犯。1982 年 9 月，第 12 届阿拉伯国家首脑会议通过《非斯宣言》，宣布耶路撒冷是独立的巴勒斯坦国的首都。1988 年 11 月 15 日发表的巴勒斯坦国《独立宣言》表示，将在巴勒斯坦土地上建立一个巴勒斯坦国，它的首都为光荣的耶路撒冷。②

巴以双方均将耶城定为各自的首都，矛盾似不可调和。为避免矛盾激化，包括美国在内的世界绝大多数国家长期以来均将驻以色列使馆设在特拉维夫。根据 1993 年巴以签署的《奥斯陆协议》，耶路撒冷问题作为巴勒斯坦地位问题之一，将通过巴以双方谈判最终解决。

在巴以关系中，耶路撒冷问题之所以"牵一发而动全身"，引起各方高度关注，主要出于以下原因。

一是宗教因素。耶路撒冷是三大一神教的宗教圣城，具有不可替代和不可转移性。它是《圣经》记载的犹太教圣殿所在地，其残

---

① 尹崇敬主编《中东问题 100 年》，新华出版社，1999，第 155 页。
② 尹崇敬主编《中东问题 100 年》，新华出版社，1999，第 125 页。

存的"哭墙"成为犹太民族的精神象征，是犹太教徒最神圣的朝圣地。它也是伊斯兰教《古兰经》记载的阿克萨清真寺所在地，并与圣石圆顶清真寺及周围建筑共同构成"尊贵禁地"，传说是先知穆罕默德"登天"之处。在全世界穆斯林心目中，耶路撒冷是仅次于麦加和麦地那的第三大圣城。它还是基督教传说中耶稣传道、被钉十字架、复活及"升天"的地方，是全球基督教徒的精神中心。

以色列认为，对犹太教而言，耶路撒冷具有比伊斯兰教和基督教更强烈的意义，因为基督徒有罗马，穆斯林有麦加和麦地那，而犹太人只有耶路撒冷。[①] 但阿拉伯国家都不同程度地对耶路撒冷"情有独钟"。1975 年，由包括巴解组织在内的 15 个阿拉伯国家组成"耶路撒冷委员会"（埃及于 1994 年加入），摩洛哥一直担任该委员会主席国。但各成员国围绕耶城宗教权益各有所图：约旦王室因拥有特殊的"圣裔"（据传是先知穆罕默德的后裔）身份，一直以耶路撒冷圣地保护者自居，对耶城伊斯兰教圣地行使宗教管理权。约旦这一角色得到以色列方面的认可。1994 年，约以签署实现两国关系正常化的《华盛顿宣言》，指出"以色列将尊重哈希姆王国在耶路撒冷穆斯林圣地所享有的特殊地位"[②]。对此，巴解组织和摩洛哥均颇有异议，而沙特阿拉伯、埃及等也分别觊觎耶城宗教管理权和耶路撒冷委员会主席国身份。可见，耶路撒冷的最终地位并不可能完全由巴以两方面决定。

在巴以和谈，特别是在巴勒斯坦最终地位问题（此外还有边

---

① Gregory S. Mahler, "Politics and Government in Israel", Published 2016 by Rowman & Littlefield Publishing Group, Inc., p. 319.

② 殷罡主编《阿以冲突：问题与出路》，北京国际文化出版公司，2002，第 297 页。

界、巴勒斯坦难民、犹太定居点等问题）中，耶路撒冷问题因具有浓厚的宗教色彩而最为敏感、复杂和难解，成为极易引发巴以、阿以矛盾和冲突的"火药桶"。以色列为强化耶路撒冷的"犹太属性"，一直着力推进该城的"犹太化"进程，并不时引发以巴争端：1996年9月，以政府下令开通东耶路撒冷老城地下考古隧道，引发巴人与以军警大规模流血冲突，近百人死亡，上千人受伤；1997年，以政府在东耶路撒冷霍马山地区扩建定居点，招致针对犹太人的自杀式袭击，酿成数十人伤亡；2000年9月，以色列利库德集团领导人沙龙在军警护卫下强行"访问"圣殿山（"尊贵禁地"），被视为对伊斯兰教圣地的亵渎，成为巴勒斯坦"第二次大起义"的导火线；2015年10月，以色列右翼强硬派力主犹太人在圣殿山有宗教祈祷权，导致以巴长达数月的流血冲突；2017年7月，以方以防恐袭为由，在圣殿山设置金属探测门，引起巴人强烈抗议，导致巴以又一轮流血冲突。

二是历史因素。以色列方面认为，耶路撒冷历史上曾是犹太国的首都，自公元前11世纪大卫王建立希伯来王国并定都耶路撒冷以来，犹太人一直没有断绝与该城的联系。以色列通过考古挖掘，证明在圣殿山上曾有《希伯来圣经》记载的大卫王宫殿的存在。而耶路撒冷在历史上从来不是任何阿拉伯国家的首都，因此，以色列对耶城拥有主权。阿拉伯国家则对此提出质疑，认为自公元7世纪到第一次世界大战，除十字军征服时期外，耶路撒冷一直在阿拉伯穆斯林手中，以色列对耶城的要求是"反客为主"。巴方否认耶路撒冷有古代犹太人遗迹，巴解已故领导人阿拉法特坚称："所罗门圣殿不在耶路撒冷，而在那不勒斯（约旦河西岸城市）。"巴方一直坚持"否认圣殿"的立场。①

三是政治因素。耶路撒冷问题还是"政治雷区"。2000 年 7
月，在美国克林顿总统出面召集的美、以、巴三方首脑会谈中，时
任以色列总理巴拉克在耶路撒冷问题上做出前所未有的让步，同意
与巴方"分享"耶城主权，引起以色列举国上下的强烈反应。3 个
政党退出执政联盟，导致巴拉克政府失去议会多数席位，40 多万
以色列人聚集在耶路撒冷老城外，抗议美国提出的分割耶路撒冷方
案，成为以色列历史上规模最大的示威抗议活动。② 当年 12 月 9
日，巴拉克被迫辞职。

二 特朗普"承认"之举的深层次原因

从历史上看，美国对耶路撒冷问题的政策，主要有支持耶城国
际化、承认东耶路撒冷为被占领土、主张耶城最终地位通过谈判解
决、承认其为以色列首都等，其演变过程与美国的中东战略，以及
国内政治等背景密切相关。总体上讲，在以色列 1948 年建国后至
特朗普上台前，美国历届政府对耶路撒冷问题的政策都比较"克
制"，即搁置主权争议，历任美国总统均未承认耶路撒冷为以色列
首都。1995 年，美国国会通过《耶路撒冷使馆法》后，历届美国
政府均未真正将其付诸实施，而是根据该法规定，每隔六个月签署

---

① Dore Golk, "The Fight for Jerusalem", Published in the United States by Regnery Publishing, Inc., 2007, pp. 11 – 12.

② Dore Golk, "The Fight for Jerusalem", Published in the United States by Regnery Publishing, Inc., 2007, p. 9.

一次弃权声明书。

特朗普公开正式承认耶路撒冷为以色列首都，开美外交先例。特朗普宣称，经过二十多年的"推迟"，美并未离巴以和平协议"更近一些"，而承认耶路撒冷为以色列首都不仅是对"现实的承认"，更是"正确和必须要做的事"。他认为，"承认"之举并非走极端或异想天开，因为在此之前的 2017 年 4 月 6 日，俄罗斯发表声明称"西耶路撒冷为以色列首都"①。

据称，耶路撒冷问题已被特朗普纳入美国中东战略的大框架中通盘考虑。2017 年 12 月 18 日，特朗普向国会递交了上任以来的首份《国家安全战略报告》，称几年来的中东乱局使美国认识到，无论是推动民主化，还是主动退出战略，都不能使美国彻底摆脱该地区各种威胁的困扰。该地区已成为"伊斯兰国"和"基地"等恐怖组织的栖息地，不仅加剧本地区的动荡，而且向全世界"输出"暴力圣战。同时报告声称，自 2015 年 7 月伊朗核协议签署以来，伊朗作为世界"头号支持恐怖主义的国家"并未有所收敛，反而得益于中东地区持续动荡而赢得"战略机遇"，继续发展弹道导弹和情报能力，并通过资助、扶植代理人和推行武器扩散等，为暴力恐怖活动推波助澜。因此，特朗普政府将美在中东的主要战略目标设定为反恐和遏制伊朗。特朗普认为，美国有必要与地区国家一道，组建一个反恐、遏制伊朗的"统一战线"。以色列一向重视反恐，并视伊朗为"头号敌人"，且拥有强大的军事实力和世界一流的情报机构，是美的坚定盟友。同时，沙特阿拉伯等"温和"伊

---

① Amotz Asa-EL, "O Jerusalem!", *The Jerusalem Report*, January 8, 2018, p. 15.

斯兰国家也在上述领域与美有共同利益。因此，特朗普有意在进一步强化美以战略同盟关系的同时，拉近以色列与沙特等逊尼派国家的关系，着力打造一个"以色列—逊尼派联盟"。

但是，美国要拉拢阿拉伯国家共建"统一战线"，就无法绕开巴以和平进程。以色列建国后，阿以矛盾和冲突愈演愈烈，巴勒斯坦问题成为阿以关系中难以逾越的鸿沟。冷战期间，以色列在美国支持下，通过战争占领巴勒斯坦领土，被阿拉伯人视为帝国主义的"工具"。冷战后，美国独霸中东，在中东偏袒以色列，推行强权政治。阿拉伯国家民众当然坚定地站在巴勒斯坦一边，任何阿拉伯国家政府（包括与以色列实现关系正常化的埃及和约旦）也不敢忽视民众的这种情结。沙特于2002年提出"阿拉伯和平倡议"的基本前提，就是以色列必须从1967年第三次中东战争中占领的所有阿拉伯领土（其中包括东耶路撒冷）上撤出。但2011年"阿拉伯之春"以来，中东地区新热点频发，国际社会明显降低了对巴勒斯坦问题的关注度。特朗普政府认为，美有必要采取一种全新的谈判范式，不回避敏感问题，直接进入最终地位谈判，统筹解决所有难题。2018年1月3日，特朗普在回应巴勒斯坦人反对其承认耶路撒冷为以色列首都时称："我们已将耶路撒冷这个难度最大的问题从谈判桌上拿掉，而以色列则不能不对此做出更多回报。"① 在特朗普看来，巴方的不妥协立场将成为恢复和谈的主要障碍。而且，特朗普将"与极端伊斯兰意识形态和恐怖融资做斗争"作为

① Akiva Eldar, "Abbas' Gift to Netanyahu", *The Almonitor*, February 1, 2018. http：//www.al-monitor.com/pulse/originals/2018/02/israel-us-palestinians-donald-trump-mahmoud-abbas-netanyahu.html#ixzz56DYpZvLC.

反恐要义，阿巴斯则反其道而行之，坚持向巴"恐怖分子"家属发放抚恤金，并与"恐怖组织"哈马斯和解。据以方统计，巴民族权力机构于2017年向巴囚犯和死难者家庭一共支付了约3.5亿美元，几乎相当于当年巴年度财政预算的7%。[①] 在此背景下，特朗普重点对巴勒斯坦方面施加压力，力图迫使巴方"就范"。美政府还着手为巴以和平进程制定新的游戏规则，对"两国方案"含糊其辞，暗示如果和谈不能恢复和取得进展，美将支持建立一个"主权缺损的巴勒斯坦实体"[②]。与此同时，美国也有意借其阿拉伯国家盟友之力对巴勒斯坦民族权力机构施压。特朗普敦促沙特等阿拉伯国家帮助巴重返谈判桌，推动其做出"合理让步"，并提供必要的资金支持，许诺给巴以双方"和平红利"等。

当然，特朗普公然承认耶路撒冷为以色列首都还有一个重要动因，就是为其国内政治服务，特别是着眼于中期选举，争取选民支持的需要。首先，特朗普这样做兑现了竞选承诺，特别是对作为其选民基础的基督教福音派团体和美国犹太人保守派的承诺。其次，塑造"言出必行"形象。历任总统不乏在竞选中承诺承认耶路撒冷为以色列首都者，但在上任后都迫于各方压力不了了之。特朗普认为兑现"前人不可为"的承诺，有助于其树立威信，塑造强硬形象，特朗普可借此举拉拢国会共和党建制派。再次，特朗普的犹太裔女婿库什纳等多名犹太裔政客对特朗普影响至深。特朗普竞选

---

①　Aziza Nofal，" Israel Seeks to Cut off Funds for Families of Prisoners"，*The Almonitor*，January 31，2018. http：//www. al－monitor. com/pulse/originals/2018/01/israeli－draft－law－deduct－allocations－paid－prisoners－martyrs. html#ixzz55uVT5Q3Y.

②　Shimon Arad，"Getting to the Table：Key Elements of the US Approach to Restart the Israeli-Palestinian Peace Negotiations"，INSS Insight No. 1013，January 16，2018.

"大总管"、现为美政府国际谈判特别代表的格林布拉特是虔诚的犹太教正统派教徒，坚定支持以色列，在特朗普制定对以政策中发挥了重要作用。赌场大亨阿德尔森被媒体称作"站在以色列右翼身后的美国人"，曾在特朗普竞选期间向其政治行动委员会捐赠2500万美元。他是将美驻以使馆迁至耶路撒冷的坚定支持者，曾对特朗普2017年6月推迟迁馆的决定公开表示过愤怒。最后，因国内"通俄门"事件发酵，特朗普政府多位核心成员的声誉严重受损。宣布承认耶路撒冷为以色列首都之举，不无转移国内矛盾和视线的考虑。

三 对巴以局势产生深远影响

首先，巴以矛盾和冲突加剧，但局势尚不至失控。特朗普"承认"之举，触发巴勒斯坦人新一轮反以浪潮。在约旦河西岸和加沙地带，成千上万的巴勒斯坦人走上街头示威抗议。一些巴青年向以军警投掷石块和燃烧瓶，用刀刺等方式袭击犹太人。自2014年加沙战争后，以色列境内首次连续遭到火箭弹袭击。两周之内，约30枚火箭弹从加沙发射到以色列境内。[1] 有媒体预测，在2018年以色列建国70周年之际，巴反以行动有可能发展为"独立起义"，即与以色列国防军打一场持续数年的"消耗战"。[2]

但总体来看，巴勒斯坦人反以暴力活动仍呈现出自发、零星、

---

[1] Amotz Asa-EL, "O Jerusalem!", *The Jerusalem Report*, January 8, 2018, p. 14.

[2] Uri Savir, "Will Fatah Launch'intifada of Independence"? *The Almonitor*, January 7, 2018. https://www.al-monitor.com/pulse/originals/2018/01/israel-palestinians-us-mamhoud-abbas-intifada-2018-trump.html.

无组织等特征，巴勒斯坦爆发"第三次大起义"的条件尚不成熟，巴以局势总体尚不至于失控。

一方面，巴方无心也无力发动起义。纵观前两次大起义，均为巴解统一领导下的有组织、有目标的行动。而当前巴两大主流派别法塔赫与哈马斯均既无意也无力采取暴力行动。从法塔赫方面来看，其正在与哈马斯和解，并"重新控制"加沙，发动"起义"势必导致以方加大封锁，不利法塔赫接管加沙的进程。对哈马斯而言，加沙处境每况愈下，若再度对以色列挑起战火，势必招致更猛烈的军事打击和更严厉的经济封锁。因此，法塔赫和哈马斯均有所克制，特别是哈马斯甚至对加沙的萨拉菲伊斯兰极端分子实施抓捕，阻止其向以境内发射火箭弹。

另一方面，以色列有能力和经验掌控局势。以色列拥有在中东首屈一指的强大军队和世界一流的情报机构。在长期的以巴冲突中，以军和安全部门积累了丰富的经验。对此次反以浪潮，以军方早有准备和预案。在特朗普发表"承认"声明之前，以色列军警就进行了较为周密的军事部署。同时，以色列政府高度重视国防建设，军事高科技手段不断翻新，为犹太人的安全提供了有力的"保护伞"。以美共同研发的"铁穹"防御系统命中率极高，可有效阻挡火箭弹袭击。

其次，巴以和平进程国际关注度明显降低，以色列面临的外部压力明显减弱。"两国方案"是 1993 年《奥斯陆协议》确定的巴勒斯坦问题最终解决方案，主要内容是实现巴勒斯坦独立建国的最终目标。其中，"以东耶路撒冷为首都"是巴方坚持的基本原则，得到阿拉伯和伊斯兰世界以及世界大多数国家的支持。

　　美国曾是巴以和平进程的主要外部调解者，既有推动和谈的主观意愿，也是客观上唯一有能力为巴以双方提供经济和安全保障，特别是向以色列施加实质性压力的大国。长期以来，美一直坚持"两国方案"以及通过最终地位谈判解决耶路撒冷等问题的基本原则，并在和平进程中发挥重要作用。但美与以有"特殊伙伴"关系，美历届政府毫无例外均偏袒以色列，被称为以色列"在联合国的律师"①。特别是特朗普上台后，其"别出心裁"，一再偏离和平进程既定轨道，触碰巴以和谈的基本原则和"底线"。2017年2月以色列总理内塔尼亚胡访美时，特朗普不再对"两国方案"明确表态，称只要以巴双方愿意，不管是"两国方案"还是"一国方案"他都能接受。2017年底，特朗普公然宣布承认耶路撒冷为以首都，被巴勒斯坦和阿拉伯国家视为"剥夺巴方建立以东耶路撒冷为首都的巴勒斯坦国的权利"，相当于否定"两国方案"。越来越多的巴勒斯坦人认为，特朗普不过是"犹太复国主义者的代言人"，正试图煽动所有中东国家与巴作对，他所谓的实现"终极交易"的许诺已经"死亡"。②

　　据报道，特朗普政府正酝酿出台一个新的和平方案，主要内容为，由埃及让出西奈半岛北部的一块领土（面积约为现加沙地带的3倍）与加沙地带合并，以现在的加沙为中心，建立巴勒斯坦国。③

---

① Evan Gottesman, "How Washington Lost Its Status as an Arab-Israeli Mediator", *The National Interest*, Dec. 15, 2017. http://nationalinterest.org//feature/how – washington – lost – its – status – arab – israeli – mediator – 23660.

② Ben Caspit, "Trump's Peace Deal: A Gaza-centered Palestine", January 8, 2018. http://www.al – monitor.com/pulse/originals/2018/01/israel – palestinians – us – egypt – saudi – arabia – mahmoud – abbas.html.

③ Ben Caspit, "Trump's Peace Deal: A Gaza-centered Palestine", January 8, 2018. http://www.al – monitor.com/pulse/originals/2018/01/israel – palestinians – us – egypt – saudi – arabia – mahmoud – abbas.html.

显而易见，这一方案明显越出了巴方建国能够接受的底线，但特朗普政府正在酝酿推进。2018年1月23日，正在以色列访问的美副总统彭斯对媒体称，美国一直与有关国家保持沟通，试图建立一个和平框架，但"这一切都取决于巴勒斯坦方面何时回归谈判桌"①。目前，巴方已公开宣布美国不再适合担当和平进程调解者的角色，已被"取消资格"，巴方正积极寻求新的调解人。但实际上，无论是欧盟、俄罗斯或是地区大国沙特阿拉伯和埃及等，都难有美国那样的影响力，都难以在和平进程中发挥实质性作用。

欧盟在中东有历史渊源和传统利益。在经济和军事领域，中东是欧盟重要的能源供应地和军火市场；在政治领域，欧盟国家内拥有庞大的穆斯林群体，是政府制定中东政策时不可忽视的重要因素；在安全领域，因近年来受难民潮冲击，欧盟急需在中东构筑一道"防波堤"；在维护伊朗核协议方面，欧盟也需要中东国家的鼎力支持。因此，欧盟在巴以和平进程问题上奉行有别于美国的政策，即总体上"挺巴抑以"，在给予巴方政治支持的同时一再向以方施压。比如，瑞典政府以及英、法等欧盟国家议会纷纷通过不具法律效力的决议，承认巴勒斯坦的国家地位；欧盟不时对以色列发起"BDS"（抵制、制裁、撤资）运动，要求以色列放弃在被占领土扩建定居点的政策，并规定犹太人定居点的产品不得享受欧盟贸易优惠政策。但是，虽然巴方表示期待欧盟提出和谈方案，欧盟可能也有充当巴以调解人的意愿，但担当这一角色的能力普遍受到怀

---

① 王博闻：《美国副总统称中东和平计划的出台取决于巴勒斯坦》，新华网，http://www.xinhuanet.com/world/2018-01/23/c_129797380.htm。

疑。同时，欧盟受希腊经济危机及英国"脱欧"等事件的影响，过去四年对巴方的援助也在逐步减少。[①]

俄罗斯在中东拥有地缘、反恐和能源等战略利益，近年来加强了对中东战略投入，与美国争夺势力范围。在巴以问题上，俄有可能"乘虚而入"填补美国留下的"真空"。俄总统普京指责特朗普的"承认"之举无助于巴以问题的解决和地区局势稳定，同时表明支持以联合国相关决议为基础、巴以通过直接谈判解决耶路撒冷问题的立场。俄虽有意愿更多参与并与以巴双方均保持较好关系，但无奈实力有限。俄外交主要的借助手段是军事力量，在经济、人文等领域则力有不逮。另外，俄在中东关注重点在叙利亚，介入巴以问题主要是为了刷存在感、彰显影响力和拉拢伊斯兰国家，无意真正解决巴以争端。

作为率先与以色列实现关系正常化的阿拉伯国家，埃及曾在巴以和谈中发挥了"桥梁"作用，为双方接触和沟通开辟渠道。但经过长期政治动荡和政权更迭，埃及元气大伤，面临恢复经济、应对恐怖主义威胁等重任，对涉足地区事务、恢复地区大国地位力不从心。沙特曾为阿以实现全面和平提出"阿拉伯和平倡议"，成为在联合国相关决议之外得到国际社会广泛认可的和谈原则。但沙特当前对外的主要目标是与伊朗抗衡，正全神贯注于叙利亚、也门等"前沿"国家局势，并不断加大战略投入，无心也无力顾及巴以问题。另外，阿拉伯国家普遍认为，为推动巴以和平进程设立的国际

---

① Shlomi Eldar，" Can Europe Save the Palestinian Authority?"，*The Almonitor*，January 31，2018. http：//www. al－monitor. com/pulse/originals/2018/01/israel－palestinians－european－union－us－norway－donors－gaza. html#ixzz55uU9cyKY.

机制已不再有效，有必要扩大中东问题"四方机制"，建立新的国际多边机制推动巴以和谈。①

因美国的作用无可替代，在美国"被退出"后，巴以和谈的外部推动力将大大减弱。美国《国家利益》杂志文章分析称，在特朗普任内的三至七年（包括可能连任的时间），巴以和谈有可能出现失去调解者的"真空期"。②

最后，巴以力量进一步失衡，对立趋于加剧。牛顿式的均衡世界观，是以"国家运动规律"中的均衡为基准的。它就如同一架天平，通常，天平应该保持平衡，但也会发生不平衡（向一边倾斜）的变化。这时，调节机能就要发挥作用，使天平恢复以前的平衡状态，即保持力量的均衡。③ 一些学者把物理学中的力学原理运用于国际政治，创立了均势论。根据均势论原则，力量平衡是和平谈判的前提。在中东和平进程中，均势论原则一直在起着重要作用。如 20 世纪 70 年代，埃及与以色列和解，是在双方力量相对平衡的情况下实现的，达成的协议相对稳定。而于 20 世纪 90 年代初达成的巴以《奥斯陆协议》，则是以色列与巴解力量对比严重失衡的产物。值得注意的是，巴以之间一系列和平协议的达成，无不是在"调节机能"的作用下实现的，即迫使处于强势地位的以色列做出较大让步，巴方做出一定妥协，双方利益达到相对平衡。如

① Ammar Awad, "Arab League Mulls Expanding Mediators Quartet on Middle East Settlement", *Sputnik*, Feb. 2, 2018. http://sputniknews.com/middleeast/201802021061278046 – arab – league – mediators – quartet – expansion/.

② Evan Gottesman, "How Washington Lost Its Status as an Arab-Israeli Mediator", *The National Interest*, Dec. 15, 2017. http://nationalinterest.org//feature/how – washington – lost – its – status – arab – israeli – mediator – 23660.

③ 〔日〕浦野起央：《国际关系理论导论》，中国社会科学出版社，2000，第 17 页。

今，在巴以力量对比仍相差悬殊的情况下，特朗普政府奉行"挺以抑巴"政策，进一步加剧了巴以力量失衡，也使双方对立加剧。这主要表现为以下几点。

其一，巴方更显软弱无力，被动应对乃无奈之举。长期以来，巴勒斯坦财政预算和基础设施建设严重依赖外援。据报道，特朗普计划将美对联合国巴勒斯坦难民救济和工程处的捐助资金由1.25亿美元减为6000万美元。① 不仅如此，在瑞士达沃斯世界经济论坛上，他还威胁巴方若拒绝恢复和谈，美将停止对其年均4亿美元的援助。据巴总理顾问卡塔米称，美减少援巴资金，将使巴医疗卫生和基础设施等部门受到消极影响。② 巴总统阿巴斯一向坚持"非暴力"理念，并力求维持与以色列的安全合作。巴民族权力机构努力约束巴激进组织的反以暴力活动，要求停止对以境内发射火箭弹等军事行动。然而，特朗普的新政策将巴方逼到墙角，使阿巴斯无法再向巴民众兜售"和谈红利"，巴内部激进派趋于占上风。哈马斯强调，美国承认耶路撒冷为以色列首都，证明法塔赫奉行对以"非暴力外交"的失败，更坚定了其拒绝解除武装的决心。巴政权不得不重新评估对以政策。2018年1月，巴解中央委员会建议执委会投票决定，暂停承认以色列为国家并终止与以方的安全合作。然而，巴方的强硬姿态无助于改变其被动的困境。据巴解高官称，阿巴斯已丧失在可见的将来通过外交途径建立巴勒斯坦国的希望。

① Associated Press, Elior Levy Published, "Report: US set to Cut UN Funds for Palestinian Refugees", January 14, 2018. https://www.ynetnews.com/articles/0,7340,L-5071026,00.html.

② Ahmad Melhem, "Can Palestinians Bear Halt of US Aid?", *The Almonitor*, January 22, 2018. http://www.al-monitor.com/pulse/originals/2018/01/unrwa-us-cut-aid-palestinian-authority-economy-refugees.html#ixzz55X9SyUqj.

虽其极力寻求在联合国谋求国家地位，并获得广泛支持，但很难产生实际效果。

其二，以色列地位上升，立场越发强硬。以右翼为班底的以色列现政府对巴勒斯坦问题一向采取强硬政策：拒绝从被占领土撤军和向巴方移交囚犯；继续在被占领土扩建犹太人定居点；将巴勒斯坦问题边缘化，推行阿以和平优先。得益于特朗普政府的支持，以色列的谈判地位更为强势。对于特朗普的"承认"之举，以色列右翼感到欢欣鼓舞。有美国撑腰，内塔尼亚胡政府更加有恃无恐，连续出台一系列举措，加大力度，促进包括东耶路撒冷在内的被占领土"合法化"。2017年12月31日，利库德集团中央委员会一致通过决议，敦促该党领导人实施吞并部分约旦河西岸的方案。2018年1月2日，以色列议会通过议案，规定任何有关改变耶路撒冷边界的决议案，必须获得议会80席（2/3）以上票数才能通过。此外，以政府积极配合美国，与危地马拉等国商讨"迁馆"事宜，并拟在耶路撒冷西墙附近增设地铁"特朗普站"。

前景黯淡

特朗普政府承认耶路撒冷为以色列首都之举，后续效应仍在不断发酵。目前来看，尽管受到有关各方的非议，美并无意收回这一决定。2018年1月23日，美副总统彭斯在以色列议会演讲称，美驻以使馆搬迁将于几周内正式启动，并将于2019年底前开放新馆，进一步凸显美政府的决心及重视程度。1月25日，在达沃斯世界经济论坛上，特朗普称已通过把美驻以使馆搬至耶路撒冷的方式，并且已将耶路撒冷地位问题从巴以和平谈判议题中"拿掉"。

然而，美迁馆之举并非"板上钉钉"。为了服务于美反恐、遏伊为核心的中东新战略，特朗普不会因耶路撒冷迁馆问题轻易葬送巴以和平进程。美国目前采取的一系列政策措施总体上还是试探性的，目的还是要观察各方反应，然后视情做策略性调整。

国际舆论普遍认为，虽然特朗普承认耶路撒冷是以色列的首都，但现实中耶路撒冷有西、东两个区域之分。在特朗普承认耶路撒冷为以色列首都的声明文本中，并未指明以色列首都的具体范围，即究竟是西耶、东部还是整个耶城。2018年1月20日，特朗普在给摩洛哥国王穆罕默德六世的回信中表示，耶路撒冷主权问题将由谈判决定，美国不对耶路撒冷的主权和边界持有立场。①

因此，未来特朗普再发表一个类似俄罗斯的声明，澄清只承认西耶路撒冷是以色列首都，仍保留东耶路撒冷为巴勒斯坦国首都的机会也未必不可能。从巴领导人的表态中，也不难看出巴方给美国留有充分余地。巴首席谈判代表埃雷卡特强调，除非特朗普撤回承认耶路撒冷为以色列首都的决定，否则巴方不会接受美国提出的任何和平倡议。

当然，特朗普更可能一意孤行，坚持不区分东、西耶路撒冷的"模糊政策"，甚至公开明确承认整个耶路撒冷为以色列首都，并将"迁馆"行动付诸实施。可以预期，这将在阿拉伯、伊斯兰世界引发更为强烈的反响，有可能加剧美地区"盟友"的离心倾向。

---

① 《特朗普：美国在耶路撒冷主权和边界问题上不选边》，新华网，http://www.xinhuanet.com/world/2018－01/21/c_1122291029.htm。

同时，也不排除地区极端和恐怖势力借机兴风作浪的可能性。2017年6月，极端组织"伊斯兰国"首次发表声明，"认领"发生在耶路撒冷针对犹太人的袭击事件，并扬言"这不是最后一次袭击"。特朗普发表"承认"声明后，该组织又发布"广告"，威胁将美国和以色列作为袭击目标。可以预见，美迁馆行动一旦付诸实施，将进一步"激活"中东地区的安全隐患。

第九章
关于中阿合作模式的思考

　　2018年"中阿合作论坛"第八届部长级会议将在中国召开，这也是中国今年最重要的主场外交之一。2004年"中阿合作论坛"建立以来，阿拉伯社会、中阿关系均发生巨大变化。回顾中阿关系的演变历程，审视阿拉伯作为单一国际行为体的特征，对于中阿多边合作机制的发展方向既必要又迫切。① 长期以来，中国习惯称阿拉伯国家为：阿拉伯世界、阿拉伯社会、阿拉伯兄弟，潜意识中视阿拉伯为单一国际行为体，期望阿拉伯团结，这也是中阿多边合作机制存在的基础。在中阿多边合作机制的起步期，中国心理上对阿拉伯团结的期望同阿拉伯的现实并不完全吻合，事实与想象共同推动着多边机制成型、发展，既有经验亦有教训。未来，中阿多边关系将迈向成长期，需要摆脱历史羁绊，挤出想象成分，正视、回归现实，从新起点上再出发。

---

　　① 这里的阿拉伯国家指阿盟22个成员：阿尔及利亚、巴林、科摩罗、吉布提、埃及、伊拉克、约旦、科威特、黎巴嫩、利比亚、毛里塔尼亚、摩洛哥、阿曼、巴勒斯坦、卡塔尔、沙特、索马里、苏丹、叙利亚、突尼斯、阿联酋、也门。

一　四分五裂的阿拉伯

要准确定位中阿合作论坛的地位、功能，必须先把握阿拉伯作为一个国际行为体的特征、实力和发展方向。整体而言，阿拉伯作为一个国际行为体，影响力呈现持续衰退之势，以至于现在人们甚至认为根本不存在"阿拉伯世界"这个概念。① 1954～1970 年，纳赛尔主义主导阿拉伯时期，阿拉伯是国际政治舞台上一颗耀眼的明星，成为全球反殖民主义、不结盟运动的一根重要支柱。1970～1979 年，沙特利用伊斯兰主义和石油两大手段主导阿拉伯，1973年的石油禁运对国际体系造成重大冲击。此后，阿拉伯世界从全球舞台上消失，渐渐演变为中东的一个地区行为体，在遏制伊朗、调停阿以冲突等议题上发挥辅助性功能。2011 年中东发生巨大变化以来，阿拉伯内部碎片化加速，整体影响力下沉，连在本地区发挥辅助性功能也很困难了，其地区政治行为体的地位也处在危险之中。

因为语言、宗教、文化、历史相似，地理毗邻，阿拉伯人普遍有一种文化、心理上的亲近感。现代阿拉伯主义或阿拉伯身份认同起源于 20 世纪初的"青年土耳其"运动，"突厥化运动"使阿拉伯人产生了身份危机，反而激发出阿拉伯人的国族意识。第一次世界大战期间，英国利用阿拉伯国族主义发动"阿拉伯大起义"，以对抗德国、奥斯曼帝国。然而，战后英国没有给予阿拉伯国族地

---

① Asher Susser, "The Decline of the Arabs", *Middle East Quarterly*, Fall 2003, pp. 3－15. http：//www. meforum. org/564/the－decline－of－the－arabs（上网时间：2017 年 12 月 10 日）。

位，而是与法国达成"塞克斯—皮科协定"，把阿拉伯分成若干个小国。第二次世界大战期间，英国再度利用阿拉伯国族主义对抗德国，支持阿拉伯国家于 1945 年成立"阿拉伯国家联盟"（阿盟）。由于外部力量干预和阿拉伯国家之间的利害冲突，阿盟从一开始就是一个软弱无力的国际组织。1950 年，在美国、英国支持下，约旦国王突然宣布吞并约旦河西岸，阿盟虽然强烈反对，却无所作为，信誉首次遭受重挫，似乎预示了其黯淡的前景。

冷战期间，受全球冷战影响，阿拉伯国家之间形成缩小版的"阿拉伯冷战"（the Arab Cold War），以埃及为首的共和制国家，支持阿拉伯国族主义、阿拉伯社会主义和泛阿拉伯主义，在国际问题上往往同苏联站在一起；以沙特为首的传统君主制国家，政治上保守，经济上支持资本主义，且多为"地租型"国家，在国际问题上往往同美国站在一起。这条政治分界线从 1952 年埃及"自由军官革命"开始，直至 1991 年冷战结束终止，严重打击了阿拉伯团结。[①]同时，在共和制国家之间，泛阿拉伯主义同国家主权之间的矛盾构成另一条分裂线，成为埃及、叙利亚、伊拉克相互冲突的主要根源，这条线上的斗争到 20 世纪 70 年代随着泛阿拉伯主义的终结而结束。

因为内部存在严重分裂，阿拉伯国家从来没有形成过真正的统一和团结，但是面临重大的共同威胁时，也能够采取一定程度的安全合作，体现出单一国际行为体的基本特征。1967 年，以色列在阿以战争中大获全胜，分别占领约旦、埃及和叙利亚的约旦河西

---

① Malcolm H. Kerr, The Arab Cold War: Gamal Abd al-Nassir and His Rival, 1958 – 1970, 3rd ed. London: Oxford University Press, 1971.

岸、西奈半岛、戈兰高地，阿拉伯国家的安全面临前所未有的威胁。同年8月，阿盟在苏丹首都喀土穆召开峰会，宣布著名的"三不宣言"：不同以色列谈判、不承认以色列、不给予以色列和平。"阿拉伯冷战"双方——埃及与沙特——在苏联、也门、巴勒斯坦等问题上暂时妥协，形成对付以色列的统一战线。随后，在1973年战争中，叙利亚、埃及冲在前线战斗，沙特在后方发动对美国的石油制裁，创造了阿拉伯合作的巅峰之作。1979年，埃及违反喀土穆峰会精神，单独同以色列媾和，被阿盟开除，阿盟总部也从开罗迁往突尼斯，第一次阿拉伯合作崩盘。同年，伊朗爆发伊斯兰革命，政治伊斯兰威胁所有阿拉伯国家的国家安全，阿拉伯合作掀起第二次高潮。特别是伊朗与伊拉克开战后，阿拉伯国家全部站在伊拉克一边（仅叙利亚除外），在八年战争中向伊拉克提供各种援助。

1990年是阿拉伯世界的转折年，开启了阿拉伯碎片化时代。1990年8月，伊拉克出人意料地入侵科威特，沙特出人意料地邀请美国军队入驻本国，这两件出人意料的事件彻底撕裂了阿拉伯世界。当年8月，阿盟召开紧急会议，20个国家出席，只有12个国家同意谴责伊拉克。沙特邀请美国驻军，更是激起利比亚、叙利亚等反美国家的强烈谴责。从此，阿拉伯层面上的安全合作已经不再可能，阿拉伯合作从实质性军事安全领域转向仅具象征性意义的外交方向，阿盟成为谴责以色列、伊朗的一个政治平台。1993年、1994年、1995年，巴勒斯坦、约旦、毛里塔尼亚先后承认以色列，1996年，卡塔尔、阿曼同以色列建立贸易关系。在此背景下，2002年，阿盟提出解决阿以问题的"阿拉伯倡议"，这是迄今为止阿盟最重要的外交举措。

2011 年"阿拉伯之春"后，阿拉伯陷入前所未有的动荡时期，碎片化加剧，内部秩序瓦解。叙利亚、伊拉克、利比亚、也门出现内部分裂的风险，国内冲突长期无法解决，不仅无法参与阿拉伯公共事务，自身反而成为其他国家争夺影响力的竞技场。埃及的地区影响力大不如前，东部受西奈半岛恐怖主义威胁，西部受利比亚动荡冲击，自身安全难保。美国媒体报道，埃及依靠以色列的空中力量打击西奈半岛的恐怖主义势力。同黎凡特、北非地区相比，海湾国家内部相对稳定，但是低油价对这些国家的经济模式、生活方式、政治稳定构成严重冲击。对阿拉伯世界而言，目前是一个非常脆弱的时期。

阿拉伯世界的内部脆弱引来外部威胁和干预，使阿拉伯世界的安全面临重大挑战。政治伊斯兰、"伊斯兰国"、伊朗、以色列、土耳其、美国、俄罗斯等内外势力纷纷介入阿拉伯事务，非国家行为体、非阿拉伯国家对阿拉伯的影响进入新阶段。面对前所未有的新威胁，理论上这可以成为第三次阿拉伯合作的良好机遇，但现实是，由于威胁太多、太散，阿拉伯国家太虚弱、太脆弱，这些威胁反而加剧了阿拉伯分裂。埃及视政治伊斯兰为最大威胁，其对巴勒斯坦、叙利亚、利比亚、土耳其、卡塔尔的政策都是在这一原则指导下制定的，因而同沙特、约旦、卡塔尔等国家产生分歧。沙特视伊朗为最大敌人，所有政策都围绕遏制伊朗展开，引发阿拉伯内部分裂。2017 年 6 月，沙特、阿联酋与卡塔尔断交，逼迫阿拉伯国家选边站。在海合会内部，阿曼、卡塔尔反对孤立伊朗，阿联酋、巴林支持沙特，科威特骑墙。伊朗问题分裂了海合会，分裂了阿拉伯。为遏制伊朗，在美国的支持下，沙特、阿联酋同以色列的安全合作越来越公开化，不断有媒体报道以色列同阿联酋举行联合军事演习，以伊朗为目标的"沙特—阿联酋—以色列—美国轴心"似乎并非空穴来风。2017年特朗普宣布耶路撒冷为以色列首都后，阿盟反应软弱无力，没有采取任何实质性措施。近年来，国际上针对以色列定居点的经济制裁风生水起，阿拉伯国家对以色列的经济制裁却在不断松动。根据1948年阿盟制定的制裁以色列经济的措施，所有阿拉伯国家应该对以色列实施全面经济制裁。现在，埃及、巴勒斯坦、约旦已经同以色列建交，不再对以色列实施经济制裁；毛里塔尼亚、摩洛哥、突尼斯、阿尔及利亚也不搞经济制裁；海合会六国只实施部分制裁措施，黎巴嫩、叙利亚则实施全部制裁条款。以色列问题让阿拉伯更加分裂，不仅是亲以国家和反以国家之间的矛盾，还有政府与穆斯林群众之间的紧张关系，阿拉伯不仅在碎片化，而且可能正在颗粒化。

在外部威胁林立、内部脆弱性加剧、传统阿拉伯大国衰落的背景下，沙特试图借阿拉伯这个平台，树立自己地区领袖的地位。2011年以来，在沙特的操纵下阿盟一度非常活跃，似有起死回生之迹象。阿盟曾先后开除利比亚、叙利亚，组建打击"伊斯兰国"的反恐联盟，同联合国一起介入利比亚、叙利亚、也门等危机。特别是2015年3月29日，阿盟第二十六届峰会宣布，组建一支4万人的阿拉伯联军，被称为"阿拉伯北约"。然而，事实证明，复兴阿拉伯的主客观条件都不存在，阿拉伯联军只是说说而已，阿盟对地区危机的调停只是走走过场，在危机中既没有共同的阿拉伯立场、阿拉伯方案，也没有阿拉伯力量。在叙利亚，主导局势的是联合国、俄罗斯、美国；在利比亚，联合国、意大利、法国主导和谈；在也门，海合会、联合国出面调停。

一个国际行为体的生存必须满足三个条件：一定程度的内部秩

序、共同的利益（或共同的敌人）和组织机构，三者之间互相作用，共同影响国际行为体的权力和效率，也决定着国际行为体的命运。笼统而言，这三个条件阿拉伯都具备，阿盟是阿拉伯的代表机构，沙特、埃及的大国地位支撑着阿拉伯的内部秩序，阿拉伯复兴、遏制伊朗和以色列、反对域外力量干涉构成阿拉伯共同利益。然而，最近30年来阿拉伯世界的活力、凝聚力都在流失，其国际影响力日渐式微。目前，只有中国、俄罗斯两个国家在阿盟总部驻有全权代表。在2015年阿盟峰会上，一位阿拉伯国家领导人感叹，阿拉伯语可能是阿拉伯国家唯一的共同点了。[1]

二　从双边到多边的历史

近百年来，英、法、美、苏等国家长期争夺、分化阿拉伯国家，中国则视阿拉伯为"中间地带"，担心其他大国利用阿拉伯为跳板威胁中国安全，因而呼吁、渴望阿拉伯团结为一个独立的国际行为体。但是，这只是一种期望、想象和幻觉，阿拉伯从来没有成为具有实质意义的单一国际行为体。当然，在相当长时间内，中国对阿拉伯国家的政策也没有受到这种想象的影响，外交实践中未把阿拉伯作为一个整体，而是集中关注国与国之间的双边关系。从1956年至1990年整整用了34年，中国才同全部22个阿拉伯国家建立了外交关系，这充分体现出阿拉伯不是一个整体，中阿关系并非始终如一，更不是一帆风顺。

---

[1] "What Is the Point of Arab League?", *The Economist*, Apr. 29, 2016.

由于阿拉伯地理上远离中国，同中国没有直接利益关联，中国主要从国际大战略的视角看待阿拉伯，中国对阿拉伯国家的政策取决于国家的外交大战略。中国在中东的主要利益是，"防止敌对大国控制中东，避免对中国构成间接军事威胁"①。新中国成立后，中国视世界为社会主义和资本主义两大阵营，采取"一边倒"的对外政策，中东则是两大阵营争夺的"中间地带"。当时，阿拉伯国家几乎全是在西方控制下的王权国家，没有一个国家承认中华人民共和国。1950 年 1 月 9 日，以色列承认新中国，是中东第一个承认新中国的国家。1950 年 8 月 20 日，阿盟政治委员会还通过承认台湾的决议。1950 ~ 1955 年，中国与阿拉伯基本上没有联系，五年间双方贸易总量只有 170 万美元。② 然而，1951 年 2 月 1 日联合国大会因朝鲜问题谴责中国时，有 9 个国家弃权，包括埃及、沙特、叙利亚、也门 4 个阿拉伯国家。1952 年埃及发生"自由军官革命"后，一些革命后或新独立的国家采取亲苏联政策，为新中国争取外交承认提供了机遇。1956 年，埃及、叙利亚、也门先后承认中国，1958 年，阿尔及利亚、突尼斯、伊拉克承认中国，中国在阿拉伯的外交处境大为改善。

1958 年后中苏关系开始恶化，中国的外交政策转变为"两个拳头打人"，在阿拉伯世界既反美也反苏。阿拉伯国家跟不上中国反苏的步伐，双边关系受到严重影响。由于埃及公开支持苏联、印

---

① Yitzhak Shichor, *The Middle East in China's Foreign Policy 1949 – 1977*, Cambridge University Press, 1979, p. 155.

② Mohamed Huwaidin, *China's Relations with Arabia and the Gulf 1949 – 1999*, London: Routedge Curzon, 2002, pp. 99 – 100.

度，1959 年中埃关系恶化公开化，国庆十周年时，中国驻埃及使馆准备了丰盛的招待会，但埃及没有任何高级官员出席。此后，中国在阿拉伯的外交重心暂时从埃及转向伊拉克，1967 年战争后伊拉克也倒向苏联。1964 年，巴勒斯坦解放组织成立，1965 年，中国同意其在北京设立办事处，并将 5 月 15 日确定为巴勒斯坦日，支持巴解组织的武装解放斗争。1965 年，阿曼"佐法尔解放阵线"开展反政府武装斗争，中国同年邀请"佐法尔解放阵线"代表团访问北京。从 1967 年开始，中国反对关于阿以问题的一切政治解决方案，包括 1967 年 11 月联合国安理会的第 242 决议、1970 年 8 月的罗格斯方案、1970 年和 1973 年的埃以停火，认为这是美苏妥协的产物。"文化大革命"期间，中国在阿拉伯世界只有驻埃及大使黄华在岗，是中国在中东的唯一大使，足见中阿关系之冷淡。为了同美苏竞争，中国当时向阿拉伯投入大量资源。1962 年，中国赠送阿尔及利亚 9000 吨小麦、3000 吨钢板、21 吨药品，第二年又提供 5000 万美元贷款。① 1964 年，中东占中国全部对外援助的比例高达 32%。② 1971 年中美关系缓和，中国外交政策转变为"一条线"，即联美反苏，同阿拉伯国家的关系出现转机，同年科威特、黎巴嫩与中国建交。1971 年中国恢复联合国席位时，阿尔及利亚、伊拉克、毛里塔尼亚、也门民主人民共和国、索马里、苏丹、阿拉伯也门共和国、叙利亚、利比亚、突尼斯、科威特、埃

---

① Lillian Craig Harris, *China Considers the Middle East*, I. B. Tauris & Co., Ltd. Publishers, London, 1993, p. 108.

② Charles Wolf, Jr., Xiao Wang, Eric Warner, "China's Foreign Aid and Government-Sponsored Investment Activities: Scale, Content, Destinations, and Implications", *Rand National Defense Research Institute*, 2013, pp. 25 – 35.

及、摩洛哥 13 国投赞成票，沙特投反对票，巴林、约旦、黎巴嫩、卡塔尔 4 国投弃权票，阿曼未投票，阿联酋、科摩罗、吉布提尚未独立。可见，当时中国在阿拉伯世界的友好国家只占据半壁江山。

1990 年冷战结束后，中美苏大三角结构消失，中国开始执行真正的独立自主外交，不结盟、不针对第三方、不干涉内政，中国对阿拉伯的政策首次着眼于双边关系本身，较少受国际大格局影响。在此背景下，中国同所有的阿拉伯国家建交，视阿拉伯为一股整体力量，在阿拉伯、以色列、伊朗、土耳其等中东各大力量之间保持平衡、友好关系。中国同阿拉伯关系从双边渠道向多边渠道拓展，阿盟作为阿拉伯的代表进入中国外交视野。

1993 年 5 月，阿盟秘书长马吉德正式访华，8 月，阿盟在北京设立办事处。1996 年 5 月，江泽民主席访问阿盟总部，题词"中国和阿拉伯国家间的友谊万古长青"。1998 年，阿盟首次通过全面发展对华关系的决议。2001 年，中国成立"中国—阿拉伯友好协会"。1999 年，马吉德秘书长提出举办"中阿论坛"的设想。2001 年 9 月，"第五届中国厦门国际投资贸易洽谈会"期间，举办了"中国与阿拉伯双向投资研讨会"。2002 年 4 月，朱镕基总理访问阿盟，就"中阿合作论坛"交换了意见。2004 年 1 月，胡锦涛主席访问阿盟总部，会见穆萨秘书长及 22 个阿盟成员国代表，双方共同宣布"中阿合作论坛"成立，同年 9 月，李肇星外长出席在开罗召开的"中阿合作论坛"首届部长级会议，"中阿合作论坛"正式启动。2005 年 9 月 8 日，阿盟外长理事会上通过了接受中国向阿盟派驻全权代表的决议。

2010 年第四届中阿合作论坛部长级会议发布"天津宣言"，中国和阿拉伯国家建立全面合作、共同发展的战略合作关系，中阿集体合作进入全新阶段。目前，中国同 8 个阿拉伯国家建有全面战略伙伴关系、战略伙伴关系或战略合作关系，同海合会建立"中海战略对话机制"。中阿多边机制成为中阿双方讨论重大问题、宣示重要政策的舞台。2016 年，习近平主席访问阿盟总部时宣布，中阿将共建总额达 550 亿美元的基金，支持中阿产能合作。迄今为止，在中阿合作论坛框架下，中阿共同举办了七届部长级会议、十四次高官会、六届中阿企业家大会暨投资研讨会、五届中阿能源合作大会、三届中阿新闻合作论坛、两届中国艺术节、三届阿拉伯艺术节、四届中阿友好大会、七届中阿关系暨文明对话研讨会、六届中阿经贸合作暨中国—阿拉伯国家博览会等机制性活动。

三 中阿多边合作机制的新定位

中阿多边合作机制历经 14 个春秋，成绩斐然，促进了中阿人民之间的相互了解，提升了中国在阿拉伯世界的影响，成为中阿集体政治对话的重要平台。但是，中阿多边合作在实践中也暴露出明显缺陷。14 年来，论坛、大会无数，却没有形成跨国界的、实质性的经济、安全合作成果，这本应是多边合作的重头戏。到目前为止，中阿之间成功的经济、安全合作项目都发生在双边之间。如果仅仅是双边合作，根本就不需要多边机制，多边机制需要解决超越双边的问题。回顾中阿多边合作的历史可以发现，中阿多边机制大发展的时期，正是阿拉伯碎片化加剧的时期，两种趋势明显脱节。阿拉伯作为一个国际行为体，内部分裂，能力减弱，根本没有能力承载中阿多边合作的重担。根据当前阿拉伯世界的特征、中阿关系的现状，应当进一步明确中阿多边合作机制的定位、功能，多边合作应聚焦于政治、文化领域，而中阿实质性经济、安全合作应回归双边机制。双边机制仍然是中阿关系的主渠道。

　　阿拉伯国家间经济一体化水平低，内部贸易、投资量少且质次，跨国性经济发展规划非常少。一方面，阿拉伯国家间经济差异性大，互补性差，经济一体化动力不足。尽管大部分阿拉伯国家被视为新兴国家、发展中国家，但是各国经济差异非常大。在2014年全球化指数排名中，阿联酋（第13位）、卡塔尔（第24位）、巴林（第8位）的经济全球化水平非常高，索马里（第191位）、科摩罗（第183位）、苏丹（第180位）排名则全球垫底。① 同样，在全球创新指数、全球竞争力、经济自由度、营商环境排名中，卡塔尔、阿联酋等海湾国家名列前茅，基本在前20名左右，埃及等国家则在100名之后，也门、索马里更是在180名左右。2014年海合会国家的海外净资产预估为2.27万亿美元，经常账户盈余3000亿美元，而埃及、叙利亚、约旦、黎巴嫩、摩洛哥等国的海外净资产为负467亿美元，经常账户赤字259亿美元。② 尽管经济水平差异大，但富国与穷国之间工业、农业生产水平接近，缺乏互补性。22个国家中，8个国家石油出口占全部出口的比例超过75%，阿尔及利亚（98.3%）、伊拉克（98.8%）、科威特（91.6%）、利比亚

---

① "Globalization Index Ranks". http：//globalization. kof. ethz. ch/（上网时间：2018年2月12日）。

② Hanieh, *Adam*（*2015*）*Fundamental Rifts*：*Power*，*Wealth and Inequality in the Arab World*，28 February. Middle East Monitor, UK. . http：//www. middleeastmonitor. com/20150228 – fundamental – rifts – power – wealth – and – inequality – in – the – arab – world/（上网时间：2018年2月12日）。

（94%）、阿曼（76.6%）、卡塔尔（92.2%）、沙特（84.1%）、也门（89.1%），这些国家需要进口工业制成品。同时，8 个阿拉伯国家工业制成品出口超过总出口的 25%，科摩罗（64.9%）、吉布提（33.4%）、埃及（41.9%）、约旦（68.7%）、黎巴嫩（53.5%）、摩洛哥（63%）、叙利亚（28.1%）、突尼斯（73.9%），这些国家出口制成品。[①] 但是，工业品出口国的生产水平非常有限，根本不能满足石油富国的进口需求，进口国家还是从区域外进口大量产品。另一方面，阿盟从来不是一个有效的地区经济组织。1990 年前，阿盟主要从事反以色列、反伊朗的军事安全事业；1990 年后，阿盟主要在外交领域发声，经济合作提不上议事日程。70 多年来，阿盟只做成过一件跨国大型经济项目，就是"阿拉伯天然气管道"（The Arab Gas Pipeline）。该项目是连接埃及、约旦、叙利亚、黎巴嫩的天然气管道，全长 1200 公里，2010 年完工。然而，2011 年"阿拉伯之春"后，埃及西奈半岛恐怖袭击不断，叙利亚陷入内战，天然气管道时断时开，基本处于停摆状态。1997 年，在阿盟倡议下，阿拉伯国家建立"大阿拉伯自贸区"（Greater Arab Free Trade Area，GAFTA），吸纳 18 个成员，2005 年正式投入运营，能涵盖 96% 的阿拉伯国家内部贸易、95% 的对外贸易。但是，自贸区水平非常低，2017 年阿拉伯国家之间内部贸易仅占全部贸易的 10.8%，[②] 而

---

① Gouvea, R. and Vora, G., "The Arab League: ExportEarnings and Economic Development", *Modern Economy*, 2017, pp. 604 – 641. https://doi.org/10.4236/me.2017.84045（上网时间：2018 年 2 月 12 日）。

② Ahmed Ghoneim, "Revisiting Economic and Trade and Trade Integration: New Prospects for Reaping Untapped Potential". http://www.arac - accreditation.org/uploads/6444 - ARAC%20Brochure_ Eng.pdf（上网时间：2018 年 2 月 12 日）。

东盟为 25%，欧盟达 65%。阿拉伯国家内部相互投资量也少，且分布不均，65% 以上的内部直接投资流向沙特、卡塔尔和阿联酋 3 个国家。① 直到今天，阿拉伯国家也没有建成一个正式或非正式的关税同盟。

　　但是，应该看到阿拉伯是一个快速增长的大市场，也是中国"一带一路"经济带的重要组成部分，中国与阿拉伯国家的经济合作前景广阔。阿拉伯人口有 3.7 亿，面积 1300 万平方公里，GDP 约 3.5 万亿美元。近年来，中阿贸易增长快速，总额从 2000 年的 152 亿美元增长到 2015 年的 2521 亿美元，占中国外贸比重从 2.2% 增长到 5.8%。② 目前，中国是阿拉伯国家第二大贸易伙伴，阿拉伯国家是中国第一大原油供应地、第八大贸易伙伴。但是，中阿经济合作的数量比较大，质量却有待提高。2003～2013 年，阿拉伯对华直接投资占中国吸收外资的比重从 0.17% 增长到 0.27%。2015 年阿拉伯在华投资规模累计额仅 31 亿美元，在阿拉伯对外投资中占比非常低，2016 年阿拉伯国家对外直接投资存量高达 3534 亿美元。2015 年中国在阿拉伯的直接投资累计额刚突破 100 亿美元，这对阿拉伯而言也是微不足道的，2016 年阿拉伯国家接受外资存量高达 8170 亿美元。③可见，中阿经济关系主要是粗放式的数量扩张，双方均没有实质性参与对方价值生产链

① Gouvea, R. and Vora, G., "The Arab League: Export Earnings and Economic Development", *Modern Economy*, 2017, pp. 604 – 641. https://doi.org/10.4236/me.2017.84045（上网时间：2018 年 2 月 12 日）。
② 房丽军：《"一带一路"倡议背景下中国与阿拉伯国家贸易发展现状及挑战》，《对外贸易实务》2016 年第 10 期，第 23～24 页。
③ 房丽军：《"一带一路"倡议背景下中国与阿拉伯国家贸易发展现状及挑战》，《对外贸易实务》2016 年第 10 期，第 24 页。

中，属于初级经济合作关系。中国从阿拉伯进口产品的 80% 是石油及相关产品，阿拉伯国家则从中国进口电子、机械、消费品等产品。

2014 年，习近平主席在中阿合作论坛第六届部长级会议上提出，争取中阿贸易额从 2013 年的 2400 亿美元在未来 10 年增至 6000 亿美元，中国对阿非金融类投资存量从 2013 年的 100 亿美元在未来 10 年增至 600 亿美元以上。[①] 现实情况却是，2016 年中国与阿拉伯贸易额为 1711 亿美元，2017 年为 1886 亿美元；2016 年中国对阿金融类直接投资为 11 亿美元，2017 年为 26 亿美元；2016 年阿拉伯国家对华直接投资更是只有 6700 万美元。[②] 无论是贸易还是投资，中阿关系距离习主席的期望相差甚远。

可见，中阿经济关系既没有发挥应有的潜力，也没有达到各方的期望，尚有进一步提升的空间。从路径方面看，多边机制不具有优势，应当着重加强双边机制。近年来，阿拉伯经济不是向一体化、集体化方向发展，而是向碎片化、颗粒化方向发展，不可能视其为一个经济共同体。在中国—阿盟层面上，从来没有达成重大多边经济合作成果。即便在多边机制下形成的双边经济合作项目，最终落实效果也不理想。截至 2017 年 9 月，在中阿论坛框架下，中阿举办了三届经贸论坛，签约合同额累计达 6255.5 亿元人民币。仅 2015 年第二届中阿博览会就签约 241 个项目，投资金额达

---

① 《习近平主席在中阿合作论坛第六届部长级会议开幕式上的讲话》，http：//www. beltandroadforum. org/n100/2017/0407/c27 – 8. html（上网时间：2018 年 2 月 20 日）。

② 商务部西亚非洲司：《2016 年中国与阿拉伯国家经贸合作统计数据》，http：//xyf. mofcom. gov. cn/article/date/201703/20170302540290. shtml（上网时间：2018 年 2 月 20 日）；http：//www. aei. org/chinaGglobalGinvestmentGtracker/，（上网时间：2018 年 2 月 20 日）。

1830.4亿元人民币。① 尽管很难追踪这些合同的落实情况，但是从宏观角度看，近年来中阿年度双边直接投资额仅有20亿美左右，这些动辄投资上百亿美元的合同根本不可能实现。在海合会层面上，中国—海合会自贸区经过14年谈判后至今无果。2004年，中国与海合会开始自贸区谈判，由于海合会各成员国内部分歧，谈判进展缓慢。2016年习主席访问中东后，中海双方商定年内达成自贸区协定。然而，2016年第九轮谈判未获突破，原定2017年3月前举行的第十轮谈判也未召开。2017年6月，沙特、阿联酋、巴林与卡塔尔断交，海合会自身陷入半瘫痪状态，自贸区谈判不再具有可行性。在多边机制陷入停顿、困境的情况下，中阿经济合作急需在双边领域深耕细作，合作路径要从"点对面"调整至"点对点"。目前中国与沙特、埃及、阿联酋等阿拉伯国家之间都建立了双边的高级别委员会，由双方政府高级官员直接主管。在市场经济机制还不成熟的阿拉伯国家，此类综合性、高级别委员会效率特别高，应当多用、用好。

同时，在政治、文化领域中阿多边机制仍然具有较明显的优势。在政治领域，中阿都是发展中国家，都反对西方干预别国内政，都主张维护国家主权领土完整，在大多数国际政治议题上拥有相似立场。阿拉伯国家是中国坚定走和平发展道路，加强同发展中国家团结合作，推动建立以合作共赢为核心的新型国际关系的重要伙伴。②

---

① 《商务部召开"2017中国–阿拉伯国家博览会"专题发布会》，http：//www.mofcom.gov.cn/article/ae/ah/diaocd/201706/20170602585479.shtml（上网时间：2018年2月23日）。

② 《中国对阿拉伯国家政策文件》，新华社，http：//www.xinhuanet.com/world/2016–01/13/c_1117766388.htm（上网时间：2018年2月8日）。

面对双方共同关心的政治议题，中国同 22 个阿拉伯国家分别磋商费时费力，也不易形成共识，多边机制恰恰能发挥关键作用。2016年 5 月，在关于南海问题的国际斗争中，中国借助中阿多边机制，争取到 22 个阿拉伯国家公开支持中国立场，及时、有力地支持了中国的外交斗争。在巴勒斯坦问题、叙利亚危机、伊拉克领土完整等中东地区热点问题上，中国作为联合国安理会常任理事国必须有自己的声音，阿拉伯则是直接当事方，双方可以通过中阿多边机制集体协商，在国际斗争中互相支持。

中阿多边机制也是文化相通的好平台，对中阿关系尤其重要。中阿关系源远流长，2000 多年来陆上、海上丝绸之路把中阿两大民族联结在一起。但是，中阿交往断断续续。伊斯兰教扩张和蒙古西征期间，中国与阿拉伯之间的互动最为频繁。奥斯曼帝国建立后，阿拉伯与中东实际上成为中国同西方交往的障碍，15 ~ 19 世纪，中国与阿拉伯交往非常少，只有少量商人、朝觐者敢于冒险进入这一区域。20 世纪初期，在英帝国的统治下，中东、中亚、南亚和中国之间的通道得以恢复，但是中国自身处于内乱时期，对中东地区完全没有兴趣，"伊斯兰教成为当时中国与中东交往的唯一中介"①。可见，500 多年以来中国与阿拉伯之间没有深入、密切的交流，双方在文化上和心理上的隔阂、陌生、疏远感可想而知。1949 年新中国成立后，中国与中东的有限交往主要集中在政治和政府领域，民间文化、教育交流非常有限。中国改革开放 40 年，

---

① Lillian Craig Harris, *China Considers the Middle East*, I. B. Tauris & Co. , Ltd. Publishers, London, 1993, p. 59.

主要开放对象是西方国家。阿拉伯现代化 100 年，主要交往对象也是西方。中阿全方位的、密切的、深入的交往是最近 20 年的事情，可以说中阿大规模经济、人员互动是在没有打好文化基础的时候骤然开始的，所以这一课必须补上。随着中阿政治、经济、文化交往增多，文化短板很快就会显现出来。目前，中国在阿拉伯的形象总体上是好的，但是也存在一些问题，可能出现"未强先招恨"的现象。根据 2016 年"阿拉伯政策研究中心"民调，75% 的阿拉伯人对美国的政策持负面态度，紧随美国之后的是俄罗斯（66%），法国为 57%，中国为 43%，土耳其为 34%。① 可见，中国在阿拉伯的形象是存在问题的，应当引起重视。2014 年，习主席在中阿论坛第六届部长级会上宣布："今后 3 年，我们将为阿拉伯国家再培训 6000 名各类人才，同阿方分享发展、减贫等方面经验，交流中方的先进适用技术。未来 10 年，我们将组织 10000 名中阿艺术家互访交流，推动并支持 200 家中阿文化机构开展对口合作，邀请并支持 500 名阿拉伯文化艺术人才来华研修。"② 阿拉伯在政治、经济和安全方面是分裂的、碎片的，难以作为一个集体打交道，但恰恰在语言文化上是一个共同体，非常有利于多边合作机制的运作。

近 20 年来，多边外交成为中国外交新的增长点，中国与东南亚、非洲、拉美、中东欧的多边合作成果丰硕，相比之下，中国与阿拉伯的多边外交成效不如其他机制。中国东盟领导人会议、中国

① "2016 Arab Opinion Index: Executive Summary", Arab Center Washington D., arabcenterc. org/wp-content/upload/2017/04/2016 – Arab-Opinion-Index-Executive-Summary-for-web. pdf（上网时间：2018 年 1 月 10 日）。

② 《习近平主席在中阿合作论坛第六届部长级会议开幕式上的讲话》，http://www.beltandroadforum. org/n100/2017/0407/c27 – 8. html（上网时间：2018 年 2 月 20 日）。

中东欧"16＋1"领导人会晤、中非合作论坛、中国—拉共体峰会均已实现元首或政府首脑级峰会，而中阿合作论坛还是部长级别，且合作成果、国际影响力明显弱于其他多边机制。中阿合作论坛定位不明确，机制庞杂、重叠，制约着论坛的进一步升级优化。目前，论坛功能涵盖政治、经济、文化、科技各个领域，机制包括文明对话（外交部牵头）、企业家大会（贸促会）、能源合作论坛（国家能源局）、新闻合作论坛（国务院新闻办）、友好大会（友协）、互办艺术节（文化部）六大机制，以及博览会、广播电视、卫生合作、北斗卫星四个合作分论坛。2018年中阿论坛部长级会议将在中国召开，中阿双方应当以此为契机，总结历史经验与教训，明确定位，优化机制，才能确保中阿合作跨上新台阶。

图书在版编目（CIP）数据

阿拉伯国家形势报告.2017／李绍先主编. －－北京：
社会科学文献出版社，2018.7
ISBN 978 - 7 - 5201 - 3156 - 8

Ⅰ.①阿…　Ⅱ.①李…　Ⅲ.①阿拉伯国家－研究报告
－2017　Ⅳ.①K370.07

中国版本图书馆 CIP 数据核字（2018）第 163349 号

阿拉伯国家形势报告（2017）

主　　编／李绍先

出 版 人／谢寿光
项目统筹／祝得彬
责任编辑／张苏琴

出　　版／社会科学文献出版社·当代世界出版分社（010）59367004
　　　　　地址：北京市北三环中路甲 29 号院华龙大厦　邮编：100029
　　　　　网址：www.ssap.com.cn
发　　行／市场营销中心（010）59367081　59367018
印　　装／三河市龙林印务有限公司

规　　格／开 本：787mm × 1092mm　1/16
　　　　　印 张：10　字 数：113 千字
版　　次／2018 年 7 月第 1 版　2018 年 7 月第 1 次印刷
书　　号／ISBN 978 - 7 - 5201 - 3156 - 8
定　　价／69.00 元

本书如有印装质量问题，请与读者服务中心（010 - 59367028）联系